ICT 卫星账户的构建：
国际经验与中国方案的设计

屈 超 著

本书由东北财经大学统计学院资助出版

科 学 出 版 社
北 京

内 容 简 介

本书对国内外信息与通信技术（information and communications techno-logy，ICT）产业的统计研究成果进行梳理，在深入分析信息产品生产和消费过程的基础上，参考澳大利亚、南非等国建立ICT卫星账户的经验，构建中国ICT卫星账户核算体系，并根据投入产出数据进行ICT产业分析。本书资料翔实、逻辑分析深入。

本书适合经济统计专业研究生和相关学者阅读。

图书在版编目（CIP）数据

ICT卫星账户的构建：国际经验与中国方案的设计/屈超著. —北京：科学出版社，2022.1

ISBN 978-7-03-070377-4

Ⅰ. ①I… Ⅱ. ①屈… Ⅲ. ①信息产业-经济统计-经济核算-研究-中国②通信企业-经济统计-经济核算-研究-中国 Ⅳ. ①F492②F632.4

中国版本图书馆 CIP 数据核字（2021）第 219644 号

责任编辑：王丹妮 / 责任校对：严 娜
责任印制：张 伟 / 封面设计：无极书装

科学出版社 出版
北京东黄城根北街 16 号
邮政编码：100717
http://www.sciencep.com
北京建宏印刷有限公司 印刷
科学出版社发行 各地新华书店经销

*

2022 年 1 月第 一 版 开本：720×1000 B5
2022 年 1 月第一次印刷 印张：10
字数：202 000

定价：102.00 元
（如有印装质量问题，我社负责调换）

前　言

　　ICT 产业是一个正在蓬勃发展的朝阳产业，面对这样的新兴产业，统计工作无论在理论上还是在实践中的准备都还是不充分的。在中国，国民经济的主要统计工作是以国民经济核算体系（System of National Accounts，SNA）为中心框架进行的。SNA 体系本身并没有将 ICT 产业作为一个独立产业部门进行核算，在产业分类上也没有明晰的 ICT 产业分类标准。客观上，ICT 产业的快速发展产生了对 ICT 产业数据的巨大需求，这种巨大的数据需求和有限的数据供给之间的矛盾导致了 ICT 数据在一定程度上的混乱（数据质量低、可得性差、口径各异等）。这一切的根源是 ICT 统计理论的不健全。ICT 产业的测度理论分为两个大类：一是以马克卢普、波拉特为代表的"核算路线"；二是以小松崎清介为代表的"指标体系"路线。这两条测度路线，"核算路线"数据结构严谨、翔实，但是核算框架的约束，导致实际测算困难、测算结果误差偏大；"指标体系"路线操作方便，但是由于方法本身立足于侧面反映信息产业发展水平，故缺乏总量指标，数据用途有限。

　　在这样的背景下，本书认为，SNA 本身的设计是可以发展的，而且 SNA 中的卫星账户概念融合了核算体系严谨性和灵活性两方面的特性。因此，构建一个与国民经济核算中心框架紧密联系又在概念、范畴、方法上符合 ICT 产业特征的卫星账户是可行的，卫星账户不仅能提供更为详尽的数据，而且利用它能提高数据的质量，便于数据之间的国际对比。

　　在本书中，我们研究了信息产品生产和消费的过程，深入分析 ICT 产业核算过程中核算规则与 SNA 核心框架的差异，指出 ICT 产业在生产范围上与 SNA 的界定不同，在对 ICT 产业核算时应该将住户部门为他人提供的无形信息产品剔除在生产范围以外；ICT 产业核算时应该放弃 SNA 中心框架使用的权责发生制原则，改用现金收付制原则；ICT 产品的估价原则与 SNA 体系一致，但是由于 ICT 产品尤其是其中的信息服务的价格差异很大，因此没有发生市场交易的信息服务的定价应该放弃"市场原则"使用"成本费用"来对信息服务进行估价。正是因为 ICT 产业与 SNA 核心框架既有区别又有联系，这才为 ICT 卫星账户的构建提供了可能性。

在对 ICT 卫星账户的研究中，澳大利亚、南非等国家走在了实践的前列，这些国家已经开始建立 ICT 卫星账户或者进行了试算工作。本书综合分析澳大利亚、南非等国家建立 ICT 卫星账户的过程和技术细节，认为投入产出分析是一种全面的数量分析方法，它不仅在数量规模分析方面具有优势，在产业结构及关联性等深层次分析方面更具独特的先天优势，并在此基础上构建中国的 ICT 卫星账户框架，设计包括信息产业增加值核算、信息产业投入产出核算、信息产业人力资源核算及信息化指标体系在内的 ICT 卫星账户体系。最后使用中国投入产出表延长表（2010 年）的数据对中国 ICT 产业进行投入产出分析。

本书是在国家社会科学基金（12CTJ013）的支持下开展的研究，出版过程中得到了东北财经大学统计学院的资助，在此深表感谢。同时还要感谢杨仲山教授对本书研究的大力支持，很多观点的形成和研究的推进都得益于杨仲山教授的帮助和指点；我的研究生们在本书研究过程中做了很多文献准备、翻译、数据处理工作，他们的辛苦劳动为本书增色不少；科学出版社的编辑非常仔细地审读了本书的原稿，并提出了许多宝贵意见，在此一并表示感谢。

书中难免存在疏漏，望同行专家及读者批评指正。

作　者

2020 年 8 月

目　　录

第1章 绪 论

1.1 信息爆发带来统计需求

网络改变了我们的生活，这句话更确切的解释应该是信息产业技术改变了我们的生产、生活、消费乃至于我们的生活习惯。在过去的几十年里，信息技术对世界的改变是巨大的。人们最初认识到这种变革的力量是在 20 世纪中叶，美国学者马克卢普（Fritz Machlup）首先给它起了一个名字——知识产业，并对知识产业展开了最初的测度，其后波拉特（Marc U.Porat）、小松崎清介等众多的学者展开了对知识产业（或称信息产业）的研究。

20 世纪 90 年代，对信息产业的研究达到了顶峰，这是由于在这个时间段美国出现了"新经济"现象。"新经济"现象主要表现为高增长、高就业、低通胀，高股市成长，这种打破传统经济规律的新现象的吸引力简直是无穷无尽的。世界各国都开始研究"新经济"产生的原因，"新经济"的运行机理等问题。理论界对"新经济"现象的研究热情也空前高涨。当然"新经济"产生的大多原因最终被归结于信息技术的发展。

从信息技术进入经济学家的视线到轰轰烈烈的研究，不同研究者或者研究机构给以信息技术为代表的经济现象、经济模式、产业形式以不同的命名，有的称之为"信息革命"，有的称之为"后工业时代"，有的称之为"后服务社会"，有的称之为"计算机社会"，当然更为普遍的称呼是"信息经济""信息产业""ICT 产业"（信息与通信产业）、"知识经济"等大家更为耳熟能详的名字。

关于以信息技术为代表的经济变革到底叫什么其实无关紧要，本书认为当我们把信息带来的变革提升到经济模式的层面，以"信息经济"或"知识经济"称之可行；当我们把信息理解为一种产业层面的变革，那么称之为"信息产业"或者"ICT 产业"也可行。

中国信息产业的发展虽然晚，但是其速度却是让世人瞩目的，尤其是在近十年来，中国信息产业对传统产业的改造堪称走在了世界的前列。现在，网络交易已经成为人们日常生活的重要组成部分。2016 年使用网络购物的用户规模高达 4.67 亿人，"网上订外卖""预订旅游""移动支付"及大量诸如"共享单车""自媒体"等基于信息技术发展的"互联网+"产业大量涌现，这些新兴行业方便、丰富了群众生活，也产生了巨大的市场。信息产业在中国的发展走在了"快车道上"。

2014 年李克强总理在夏季达沃斯会议上发出"大众创业、万众创新"号召[①]，激起了全民创新创业的热情，随后经济学家观察到创新、创业的热点领域很大一部分都集中在信息产业领域。"互联网+"成为最火爆的热点领域，用网络去升级改造传统产业，用信息去提高效率成为这一波创新创业浪潮的主题。尽管没有权威的数据去证实中国信息产业发展的水平，但是我们已经真真切切地感受到在 20 年前我们说的信息产业具有高度的"渗透性"，如今在中国变成了现实——我们很难再找到一个游离于信息技术之外的产业了。

中国在信息产业的发展中已经走到了世界的前列，随之而来的是关于信息产业数据的大量需求，然而面对这样的新兴产业，统计工作在理论和实践上的准备都还不充分。在中国，国民经济的主要统计工作是以 SNA 为中心框架进行的。而 SNA 体系本身并没有单独将信息产业进行核算，中国的产业分类也没有明晰的信息产业分类标准。信息产业的巨大数据需求与有限数据供给之间的矛盾导致了信息产业数据一定程度上的混乱（数据质量低、可得性差、口径各异等）。这一切的根源就是信息产业统计理论的不健全。因此，如何提供高质量、高时效性、翔实的信息产业数据成为广大统计研究者和统计工作者面临的严峻问题。

1.2 "新现象"挑战传统核算方法

中国官方统计是在 SNA 框架下进行的。在现代经济模式下，SNA 体系是一个比较完美的统计体系，SNA 在核算内容上较为全面，能够全面地描绘国民经济的运行情况；在核算方法上 SNA 比较科学，复式记账法和权责发生制的记录原则能够保证数据的高质量和关联性；生产范围的确定较为合理，在"该测度"和"可测度"之间选择了一个较为理想的契合点［SNA 的生产范围包括所有的货物生产、知识产品的生产（住户自给性知识产品的生产除外）及为他人提供的服务的生产（还包括自有住房者的自给性生产和付酬家庭和个人服务）］；此外，在交易时间、交易价格等方面 SNA 都有较为明确、科学的确定方法。可以说，中国采用 SNA 框架进行经济核算是统计工作的一大进步。

---

① 李克强出席 2014 夏季达沃斯论坛开幕式并致辞[EB/OL]. 新华网，http://www.xinhuanet.com/fortune/zhibo/2014dwslt_zb1/wzsl.htm，2014-09-10.

但是，我们必须注意到，信息产业飞速发展的这些年，给整个经济体系带来了巨大的冲击，这种冲击也让始建于 1953 年的 SNA 框架在某些领域逐渐失效。尽管 SNA 体系自身也在不断进化，但是我们观察到，即使按照最新修订的《〈2008年国民账户体系〉（2008 SNA）》的核算框架，一些经济现象仍然难以被囊括进 SNA 体系。

1.2.1　网络成为生产者的"前台"

O2O（online to offline，在线离线/线上到线下），是指将线下的商务机会与互联网结合，让互联网成为线下交易的平台，这个概念最早来源于美国。O2O 在中国的发展可谓是如火如荼，网上交易的范围在不断扩展，大到家具家电，小到柴米油盐，网络购物已经成为人们购买行为发生的主要形式；生活缴费、话费充值、线上打车租车、预约按摩，人们的服务需求也可以在网络端实现。智能手机的普及更是让 O2O 在中国国民的生活中扮演了主角，一部手机几乎可以解决人们衣食住行的所有问题。

对消费者来说网络是消费的入口，对生产者来说网络就是重要的销售"前台"。互联网跨地域、无边界、海量信息、海量用户的优势在 O2O 模式中集中体现出来，在理论上生产者通过网络可以直接与所有的网络消费者进行直接接触。网络的存在在一定程度上替代了传统的商业渠道，电商平台已经成为众多商家最重要的销售渠道。众多中小企业依靠网络进行销售，传统的大型企业也开始纷纷开设自己的网络旗舰店或者开发自己的线上销售平台。

1.2.2　网络提高了生产的效率

生产者的分工一直在细化，信息技术让这一分工过程进一步加速了。网络端口既是销售的端口又是售后和其他服务的窗口，网络是消费者与企业联系的唯一纽带（为了方便行文我们把网络服务端称为窗口部门）。窗口部门的重要性在整个生产和销售环节变得更加重要。

在现实中窗口部门不一定是产品生产者的一部分，其实在改革开放发展到纵深阶段，许多企业的终端销售业务已经开始逐渐剥离（尤其是中小企业），产品的生产者往往不再直接面对消费者，网络的存在既让窗口部门的销售有了几何级增长的可能，大量资金的积累得以实现；同时来自网络端口的大量数据成为窗口部门掌握的巨大财富。窗口部门掌握了销售渠道，窗口部门最清楚消费者的需求，窗口部门还掌握了大量的资金，这三个基础条件让窗口部门的"独立性"进一步加强。这种"独立性"让窗口部门从生产的销售和售后服务部门逐渐向生产的主体部门转变：产品的设计、产品的研发、产量的确定、产品的定价等传统的产品生产者的职能开始被窗口部门吞并，产品生产部门逐渐变成"生产的机器"，产品生产部门只需要执行窗口部门的"指令"即可。

窗口部门掌控生产，从效率角度来讲是一个进步。信息技术让窗口部门的决策更加"正确"：首先，产品设计的针对性更强了，用户数据的支持能让窗口部门设计出针对不同消费者的多样化的产品；其次，产量与价格制定更为精准，抛开商业伦理和公平，大数据支持下的产量制定和定价策略将更为准确，甚至可以实现经济学中的"一级价格歧视"[①]；最后，在剥离了销售、售后服务、产品设计、产量制定和价格确定等众多职能后，产品生产者专注于生产，更有利于生产领域的效率提升。

1.2.3　网络成为资源配置的重要力量

在市场经济中，价格机制是资源配置的主角。在信息经济时代，消费者的消费过程和偏好依然没有根本上的改变，但是我们需要注意到，在信息经济时代，由于获得信息的搜寻成本更低，价格的传导机制更加灵敏。在信息经济时代，价格作用资源配置的过程将发生新的变化。

生产成本低、生产效率高的生产者在网络背景下的市场竞争中将获得更多资源。在信息经济时代，生产者的价格信息、产品信息更容易被消费者识别，"赢者通吃"的情况更容易发生。窗口部门作为生产的"大脑"，可以通过更为便捷有效的方式扩大生产规模——它们只需要向不同的工厂下单即可扩大生产规模，传统经济学中的规模经济规律在网络时代将发生改变[②]。因此，未来大企业将会更容易出现，垄断更容易产生。

1.2.4　生产的概念更加模糊

SNA 将生产的范围定义为为他人提供的货物或服务[③]，SNA 生产的范围就是核算的范围。但是在近几年信息经济的发展过程中，我们发现一些经济现象符合SNA 对生产的描述却难以纳入核算的范围：

---

① 一级价格歧视：生产者掠夺了消费者的所有剩余，但是从总体来看没有无谓损失，效率上还是高效的。

② 对于大多数行业都会存在从规模经济到规模不经济的过程，只有极少数自然垄断行业会在规模持续扩大的时候依然保持规模经济。

③ 更为精准的定义在后边我们会讨论，在这里为了行文没有排除一些例外的情况。

（1）自媒体、网络直播、视频网站及其他应用软件中大量由住户部门发布的信息、音频、视频等内容。这类内容在性质上满足"为他人提供的服务"这一条件，而且这类内容与一般影视作品、新闻消息在本质上并没有区别。这类内容其中一部分以获取收益为主要目的（如网络主播，收费的视频、音频等），更大的一部分是以分享为目的的。以获取收益为目的的因为存在"市场交易"，所以理应也能够被纳入核算范围，但是以分享为目的的，由于难以计算价值，且数量巨大，在技术上很难被纳入核算范围。

（2）从分享到盈利只有一步之遥。以分享为目的的信息、视频、音频制作，一旦获得足够的关注度，制作者就可以通过多种渠道实现盈利，这种从"分享""兴趣"向营利性、职业性的转化几乎可以瞬间实现。

这些情况让经济统计核算陷入了两难境地：执行生产范围的界定，核算有困难；重新拟订修正生产的范围，传统行业的生产范围是否也需要一起改变。

1.2.5 经济成本与经济效果不匹配

知识产品（也译为知识载体产品）是指那些以消费单位可以重复获取知识的方式而提供、储存、交流和发布的信息、资讯、娱乐等。知识产品是《〈2008 年国民账户体系〉（2008 SNA）》提出的一个新的概念。在对经济现象的观察中，我们发现知识产品往往能带来更多更大的经济效果。例如，在知识分享、在线教育等论坛或 APP（application，应用程序）中，一门课程往往会获得几十万甚至更多的订阅，换句话说，从经济效果上来说，相当于一名教师直接向几十万人授课，而其经济成本则与给一个标准班（30 人）授课的经济成本并无多大差异。如何衡量这类知识产品是 SNA 面临的一个难题，如果说一部分收费的课程按照 SNA 的市场原则核算还算可行[①]，那么大量的免费的，但是经济效果相同的资源又该如何核算？

1.3 未来的经济核算

与十年前相比，我们的生活发生了天翻地覆的变化：十年前我们绝大多数人对于"外卖"是陌生的，而 2017 年外卖订餐人数规模则超过了 3 亿人，市场规模超过了 2 000 亿元；十年前，我们没有网络直播、没有短视频，2017 年短视频的

---

① 其实即使按照市场原则核算这类知识产品的产出也是存在缺陷的，通过网络订阅一门课程的费用要远远低于在线下参加一门课程的培训费。

用户规模达到 2.42 亿人，网络直播用户数量达到 4.22 亿……网络创造着消费，网络刺激着消费，在 SNA 中以前因为规模过小而不值得核算的领域可能在短短的几年之内就会变成一个让我们无法忽视的庞然大物，SNA 还能应对这种变化吗？我们的官方统计应该何去何从，这是我们今天不能不严肃面对的问题。

1.3.1 未来：新的经济模式的核算

杨仲山和屈超（2009）认为："考虑到未来的经济预期，网络可能会全方位彻底改变我们生活的经济社会，而这种影响远远不可能仅局限于一个产业的影响。互联网作为一种影响未来经济的力量，信息经济实质是一种经济模式，而这种经济模式应是区别于传统工业社会的经济模式的。"从经济模式的角度来看，目前信息经济的发展已经展现出彻底改变人们生产和生活的强大力量：信息技术已经开始渗透进几乎所有的行业；人们已经不再谈论"自动化"办公的话题，因为自动化办公早已全面普及；企业经营过程中的流程管理、人力资源管理、财务管理等已经高度依赖于相关管理软件；网络购物、移动通信已经成为人们生活中不可分割的一部分；离开了网络很多人甚至不知道该如何娱乐；就连离"信息技术"最远的农业，也出现了"互联网+"的身影……我们已经可以肯定信息经济已经无处不在，那么这种完全具备改变我们生产、生活力量的新现象就有成为一种新的经济模式的可能性。

那么如果要测度这种新的经济模式，现行的 SNA 将全面失效，SNA 的基本框架、基本原则在新的经济模式下可能毫无意义。正如前文的分析，信息经济时代，企业的生产经营模式发生了根本的改变，窗口部门将从传统意义上的生产者中脱离出来，成为生产的主角。这一改变的影响是巨大的，窗口企业的规模很难以"总产出""增加值"之类的指标衡量，因为窗口企业具有总部经济的某些特征，其生产规模的扩大是几乎不受限制的（其供货商可以有很多），规模经济递减的经济原理在很长的阶段里也不再适用。在网络作用下，灵敏的价格机制将会让部分强大的窗口部门更容易掌握更多的资源，其"垄断性"也将逐步增强，随之而来的将是"金融化"和"集团化"经营。所以，或许未来经济统计的重点会从全面的、全行业的统计转向重点企业的统计，而且由于网络交易更便于数字化记录，统计调查的方式也将发生根本的改变。

1.3.2 现在：产业经济测算

统计工作的进展是数据需求推动的，统计体系总是在现象产生之后为了满足随之而来的数据需求才建立的。统计体系的这种被动性在客观上是"要测度必先了解"这一准则导致的。因此，尽管我们也认可未来的信息经济将是一种与工业经济并列的新的经济模式，但是现在就去尝试建立新的核算体系去测度这种经济模式是不可取的，因为对经济模式的全面测度必将颠覆现有的统计体系，而现在我们还不能全面地从经济模式角度理解信息经济，此时盲目的、探索性地分析如何设计一个新的核算框架无疑是行不通的。

我们认为，面对信息经济的冲击，应该采取的稳妥做法是将信息经济理解为一种产业经济，可以在坚持 SNA 基本原则和框架的基础上，进行一种产业经济的测度。产业经济的这种理解虽然显得"目光狭隘"，但是至少在目前（甚至是未来的十数年内）还能够满足理论界和实践领域对信息经济数据的需求，较好地描述信息经济。

第2章　ICT产业分类标准的系统分析

要测度信息产业，必须首先知道什么是信息产业，即确定信息产业的分类标准，才能确定信息产业的内涵和外延，才能为测度做好基本的准备工作。在进行文献整理和分析时，我们发现信息产业分析最基础的工作——分类，目前为止仍然具有很大的分析价值。中国唯一与信息产业相关的分类标准制定于2004年，它的时效性已经较差；在国际上，"标准"的信息产业分类标准并不存在，几个有代表性的国家或者国际组织的分类标准又有这样或者那样的差异。那么世界各国和国际组织的信息产业分类标准是如何确定的，它们界定的信息产业的内涵和外延是什么，中国信息产业的分类标准将如何制定等，我们将在本章讨论。

2.1　ICT产业分类的历史渊源

在1963年，日本学者梅卓忠夫提出的"信息产业"概念促成了ICT产业分类的诞生，但从产业角度来看，国际上公认最早对信息产业进行研究分析的是美国学者弗里茨·马克卢普。弗里茨·马克卢普在1962年出版的《美国的知识生产与分配》(*The Production and Distribution of Knowledge in the United States*)中认为，知识产业是为自身和他人消费或者与信息服务和产品相关的组织。在其中马克卢普认为知识产业分为五个层次，分别概括为研究与开发；家庭、学校等所有层次的教育；通信及中介媒体；信息设备设施；信息机构或组织。

在1977年，波拉特在马克卢普研究的道路上继续前进，出版了《信息经济：定义与测算》(*The Information Economy：Definition and Measurement*)一书。波拉特认为，信息产业是与工业、农业、服务业并列的第四个产业部门，提出了四次产业划分方法，把信息和信息活动分别从三次产业中分离出来命名为信息产业。在测度信息产业之前，波拉特按照是否直接向市场提供信息产品或服务，把信息部分划分为一级信息部门和二级信息部门，波拉特对信息产业的这种划分方法影响很大，后来许多国家（包括中国）都有官方组织或学者使用波拉特的分类方法和测算方法，测算本国的信息产业规模。

马克卢普和波拉特的研究奠定了信息经济分析的基础。随后伴随着信息技术的发展，信息产业的重要性越来越被世界认识，许多国家和国际组织都对信息产业展开探索，并且根据自身的情况和研究的视角界定信息产业的概念和范围，对信息产业的分类标准研究越来越深入，但是直到今天，信息产业的"标准"分类仍然不存在（事实上在分类问题上很少有所谓的标准分类，各国的标准或多或少都有所差异）。

在制定信息产业分类标准时有两个要素必须要考虑：一是本国的经济约束；二是国际可比性。分类标准不考虑本国的经济约束，则据此得到的数据不能指导本国的经济管理，缺乏分析价值；分类标准不考虑国际可比性，则据此得到的数据其适用范围和价值将大打折扣，在经济全球化发展越来越深入的今天，在国际上没有可比性的数据同样得不到国际上学者和专家的认可，没有权威性可言。

目前，世界各国的信息产业分类标准很多，其中具有较大影响力的分类标准包括：①国际标准产业分类体系（International Standard Industrial Classification of all Economic Activities，ISIC），包括 ISIC Rev.1、ISIC Rev.2、ISIC Rev.3、ISIC Rev.3.1 和 ISIC Rev.4 共五版；②北美产业分类体系（North American Industry Classification System，NAICS），包括 NAICS 2002、NAICS 2007、NAICS 2012 和 NAICS 2017 共四版；③经济合作与发展组织（Organization for Economic Co-operation and Development，OECD）的相关标准；④欧盟产业分类体系（The statistical classification of economic activities in the European Community，NACE）包括 NACE 2002、NACE 2005。另外，澳大利亚和智利已经建成了 ICT 卫星账户，南非也正在建立，它们对于 ICT 产业有完整的一套分类体系。这些信息产业分类标准是中国构建 ICT 产业分类的重要经验。

2.2　代表性国家的 ICT 产业分类

2.2.1　北美产业分类体系

美国、加拿大、墨西哥的经济联系紧密，并且在 1997 年，三国共同创立了 NAICS，这套分类体系成为继 ISIC 和 NACE 之后的世界第三个产业分类体系。各国统计部门在制定信息产业分类标准时通常会结合本国国情或研究主题，综合参考这三个产业分类体系。NAICS 在权威分类体系中首次将信息产业纳入产业分类体系，并作为一个独立的产业部门。

1. NAICS 对信息业的界定

NAICS 的信息业涉及的产业活动包括出版业、广播通讯业、电影音像业等处理信息和数据的服务行业。北美信息产业中的信息业涉及方方面面，不仅包括生产、处理和传播信息，还与生产和通信技术等相关。它囊括传统形式和现代形式的相关产业，如出版业、电视广播等行业，还提供数据处理和分析的相关服务。在产业活动中，它更注重的是信息的服务性和可传播性。准确来说，NAICS 的信息业主要是指与信息服务和传播相关的信息产业。

2. NAICS 信息产业分类及其演化

从 20 世纪 30 年代到 90 年代初，美国公共与预算管理办公室（Office of Management and Budget，OMB）曾颁布美国标准产业分类体系（Standard Industrial Classification，SIC）作为经济调查数据的标准。因为北美自贸区的不断发展，为适应日益剧增的需要，OMB 在 1997 年改用了更为先进的北美三国联合制定的 NAICS 标准。并且每五年根据发展的需要对 NAICS 进行更新和修订。在此后，每 5 年对 NAICS 进行一次更新和修订。随着 2017 年最新版本的 NAICS 的诞生，2017 版本的 NAICS 成为北美三国产业分类相关工作的参考准则。

NAICS1997 在测算过程中在关于信息产业的问题上首次提出了独立产业部门的方法，使信息产业向前迈进了一大步。NAICS 相较于其他分类体系对信息产业做了更深的解释：①生产和传播信息和文化产品的机构；②提供传送或分发这些数据或通信产品的设备的机构；③进行数据处理的机构。这三类机构都可以称为信息产业。NAICS 由于每五年进行一次更新和修订，很好地删除了淘汰产业，并增加了新兴产业，在某些产业的划分上更为细化，对企业进行及时的更名，以其精确性、时效性和适宜性成为国际上最具有代表性的产业分类体系之一。

NAICS1997 在五年之后对信息业划分更为细化，产生出版业（除因特网外）、广播（除因特网外）、电影和录音业、通讯、因特网出版和广播、因特网服务提供商及 Web 检索门户和数据处理服务、其他的信息服务 7 个子部门。总体来说都根据发展的变化进行了相应的调整和修改，只有电影和录音业子部门没有什么变化，从而诞生了 NAICS2002 版本。该版本相比于 NAICS1997 突出了因特网和电信服务的重要性，增加了类似于因特网等发展比较迅速的产业。

NAICS2007 版本相较于 NAICS2002 版本，关于信息业，在通讯，数据处理、存储和相关服务、其他信息服务进行了修改，其他的并没有什么变化。

NAICS2012 版和 2017 版信息产业分类和分类标准完全参照 NAICS2007 版本。NAICS2012 版关于信息产业的划分见表 2-1。

表 2-1　2012NAICS-US 信息产业分类

部门代码	包含产业	子部门代码	包含产业	产业组代码	包含产业	NAICS产业代码	包含产业	美国代码	包含产业
51	信息								
		511	出版业（因特网除外）						
				5111	报纸、期刊、图书和黄页出版者				
						51111	报纸出版者		
								511110	报纸出版者
						51112	期刊出版者		
								511120	期刊出版者
						51113	图书出版者		
								511130	图书出版者
						51114	黄页和邮件列表出版者		
								511140	黄页和邮件列表出版者
						51119	其他出版者		
								511191	贺卡出版者
								511199	所有其他出版者
				5112	软件出版者				
						51121	软件出版者		
								511211	软件出版者
								511212	视频游戏出版者
		512	电影和录音业						
				5121	电影和录像业				
						51211	电影和录像制作		
								512110	电影和录像制作
						51212	电影和录像分销		
								512120	电影和录像分销

部门代码	包含产业	子部门代码	包含产业	产业组代码	包含产业	NAICS产业代码	包含产业	美国代码	包含产业
						51213	电影和录像放映		
								512131	除汽车影院外的电影院
								512132	汽车影院
						51219	后期制作服务和其他电影和录像业		
								512191	电视后期制作和其他后期制作服务
								512199	其他电影和录像业
				5122	录音业				
						51221	录音制作		
								512210	录音制作
						51222	录音制作和分销综合活动		
								512220	录音制作和分销综合活动
						51223	音乐出版者		
								512230	音乐出版者
						51224	录音工作室		
								512240	录音工作室
						51229	其他录音业		
								512290	其他录音业
		515	广播（因特网除外）						
				5151	电台广播和电视广播				
						51511	电台广播		
								515111	无线网络
								515112	无线电台
						51512	电视广播		

续表

部门代码	包含产业	子部门代码	包含产业	产业组代码	包含产业	NAICS 产业代码	包含产业	美国代码	包含产业
								515120	电视广播
				5152	有线和其他收费节目				
						51521	有线和其他收费节目		
								515210	有线和其他收费节目
		517	通讯①						
				5171	有线通讯运营商				
						51711	有线通讯运营商		
								517110	有线通讯运营商
				5172	无线通讯运营商（卫星除外）				
						51721	无线通讯运营商（卫星除外）		
								517210	无线通讯运营商（卫星除外）
				5174	卫星通讯				
						51741	卫星通讯		
								517410	卫星通讯
				5179	其他通讯				
						51791	其他通讯		
								517910	其他通讯
		518	数据处理、存储和相关服务						
				5182	数据处理、存储和相关服务				

① 原文中用"通讯"，这里保留。

续表

部门代码	包含产业	子部门代码	包含产业	产业组代码	包含产业	NAICS 产业代码	包含产业	美国代码	包含产业
						51821	数据处理、存储和相关服务		
								518210	数据处理、存储和相关服务
		519	其他信息服务						
				5191	其他信息服务				
						51911	新闻辛迪加		
								519110	新闻辛迪加
						51912	图书馆和档案馆		
								519120	图书馆和档案馆
						51913	网络出版和广播、Web 检索门户		
								519130	网络出版和广播、Web 检索门户
						51919	其他信息服务		
								519190	其他信息服务

3. 对北美信息产业分类标准的评价

NAICS 根据国家的经济现状相应地把信息制造业排除在信息业之外。诸如美国和德国等信息产业高度发达、进入知识密集型产业阶段的国家，产业的类型很大程度上取决于信息产业的发达程度，高发达程度代表着更加接近于知识密集型。反之，一些欠发达国家和地区的信息产业仍然处于技术密集型和劳动密集型阶段。

当国家信息产业高度发达并且处于知识密集型阶段，信息产业由于发展阶段的变更开始经历由制造业向信息服务业的转型。由于此时在国民经济中制造业的贡献远不如以前，反而信息服务业的地位不断攀升，逐渐成为国民经济的中坚力量。北美三国在建立完备的信息制造业之后，自然而然就将信息制造业从信息产业中排除，而 NAICS 便将信息服务业作为一个独立的产业部门。

北美三国根据自身的不同状况和意见，相互协调共同制定出具有很强区域可比性和协调性的 NAICS，该体系基于生产分类准则，以新兴产业、服务业和高新技术业为主，在信息产业活动类别中扩充了信息生产过程中相同或相似的服务过程。NAICS 每五年更新和修改一次的坚定做法值得包括中国在内的其他国家学习和借鉴，因为这样可以达到使产业分类体系全面及时有效地反映经济活动的最新成果和增强国际可比性的双重效果。

2.2.2 澳新产业分类体系

与 NAICS 相似，由于澳大利亚和新西兰在地理位置上的接近，其经济联系紧密，所以澳新产业分类体系（Australian and New Zealand Standard Industrial Classification，ANZSIC）是由澳大利亚和新西兰双方统计局共同起草编制的。ANZSIC 建立的目的就是增强两国经济统计数据的可比性及国际可比性，ANZSIC 是 ISIC 的相关型分类体系。

1. 澳新产业分类体系中信息产业的发展历程

ANZSIC 也将信息产业进行了单独分类处理。其主要发展过程及与 ISIC 的对应关系如图 2-1 所示。

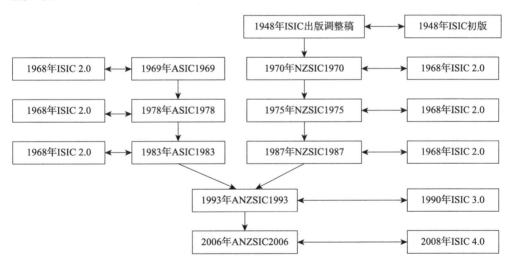

图 2-1 ANZSIC 演化及其与 ISIC 的对应关系

1948 年新西兰统计局为了适应本国发展基于 ISIC 初版建立了一套产业分类体系。

1969 年，澳大利亚统计局（Australian Bureau of Statistics，ABS）推出了澳大

利亚标准产业分类体系（Australian Standard Industry Classification，ASIC），并在1978 年和 1983 年对 ASIC 做了修改。1970 年，新西兰统计局提出了第一版的新西兰标准产业分类体系（New Zealand Standard Industrial Classification，NZSIC），并在 1975 年和 1987 年对 NZSIC 做了修改。而澳大利亚和新西兰都是以 ISIC Rev.2 版本为参考，根据本国国情推出产业分类体系的。

1993 年，为了适应发展的需要，澳大利亚和新西兰统计局以 ASIC1983 和NZSIC1987 为基础，学习 ISIC Rev.3 的经验，推出了一套共同的产业分类体系——ANZSIC1993，该体系相对于 ISIC 来说，两者的编码方式大体类似，但是 ANZSIC1993 采用四级分类符号体系，比 ISIC Rev.4 更早地将 J（信息服务）独立成项。

澳大利亚和新西兰国家统计局在 ANZSIC1993 版本的基础上进行调整和修改，发布了 ANZSIC2006 版本。该版本在内容上更多地参考了 ISIC Rev.4 的初稿，将 ANZSIC1993 中的 J（信息服务）替换为 J（信息媒介与通信），与 ISIC Rev.4 的 J（信息和通信）保持一致。

ANZSIC2006 中的"信息媒介与通信"包含六大产业部门：54（出版业［网络和音乐出版除外］）、55（电影录像业）、56（广播［网络除外］）、57（网络出版和广播）、58（电信业）、59（互联网服务供应者、Web 搜索门户和数据处理服务）、60（图书馆和其他信息服务），具体包含的部门如表 2-2 所示。

表 2-2　ANZSIC2006 中"信息媒介与通信"包含的产业部门

部门代码及名称	子部门代码及名称
54 出版业（网络和音乐出版除外）	
	541 报纸、杂志、期刊、黄页的出版
	542 软件出版
55 电影录像业	
	551 电影及影像业
	552 录音和音乐出版业
56 广播（网络除外）	
	561 无线电广播
	562 电视广播
57 网络出版和广播	
	570 网络出版和广播
58 电信业	
	580 电信业
59 互联网服务供应者、Web 搜索门户和数据处理服务	
	591 互联网服务提供者和 Web 搜索门户
	592 数据处理、Web 托管及电子信息存储服务

续表

部门代码及名称	子部门代码及名称
60 图书馆和其他信息服务	
	601 图书馆和档案馆
	602 其他信息服务

ANZSIC 与 ISIC Rev.4 在 "J" 的定义上有所不同，ANZSIC 把为了传播信息而从事信息产品创作和存储、使用模拟和数字信号传输信息产品和提供信息产品的传输和存储服务的单位归纳为 "信息媒介与通信"，在 ANZSIC 中图书馆和档案馆的信息服务同样属于该部门，而 ISIC Rev.4 则将其纳入 R（艺术娱乐和休闲活动）部门中。

ISIC Rev.4 的相关分类包括 ANZSIC2006 和 NAICS2012，在分类组别和代码上两者存在差异："网络出版和广播"在 ANZSIC2006 中是作为一个独立的大类，而在 NAICS2012 中是隶属于"其他信息服务"下的一个部门；在 ANZSIC2006 中，591（互联网服务提供者和 Web 搜索门户）和 592（数据处理、Web 托管及电子信息存储服务）均被归纳加入 59（互联网服务供应者、Web 搜索门户和数据处理服务）中，而在 NAICS2012 中 518（数据处理、存储和相关服务）是作为一个大类的，519（其他信息服务）则包括"互联网服务提供者、Web 搜索门户"。两个版本在信息产业相关的内容上基本一致，见表 2-2。

2. ANZSIC2006 相对于 ANZSIC1993 的突破

由于在澳大利亚 ICT 行业中电缆和电信（ANZSIC1993 类 2852）贡献很小，所以 ANZSIC2006 相比于 ANZSIC1993 将其排除在外。与此同时，将产业分类由 12 个细化到 15 个，其中有一些类是完全匹配的，有些产业不包括在 ANZSIC2006 中，反之亦然。

ANZSIC1993 到 ANZSIC2006 显著的变化如下。

（1）电信服务行业（ANZSIC1993 类 7120）在 ANZSIC2006 类中演变为有线电信网络操作（7120）、其他电信网络操作（5802）、其他电信服务（5809）及互联网服务提供商和网络搜索门户（5910）。

（2）ANZSIC2006 类中将记录媒体和制造出版业（ANZSIC1993 类 2430）中的相关活动分离为软件出版（5420）。

（3）ANZSIC2006 类将电气和电子设备批发 n.e.c.（ANZSIC1993 类 4615）中的电信产品批发单独分离出来为（3943）类。

（4）商业机器批发活动转移到了 ANZSIC2006 类的其他电气和电子产品批发（3494）中。

（5）ANZSIC2006 延伸活动类，数据处理和网络托管服务（5921）和电子信息存储服务（5922）从 ANZSIC1993 中的商业服务部门变更为信息媒体和电信部门。数据处理服务（ANZSIC1993 类 7831）与电子存储和检索服务（ANZSIC1993 类 7832）在 ANZSIC1993 中是作为房地产和商业服务部门的一部分。

（6）ANZSIC2006 创建的电子（除家用电器）和精密设备维修和维护（9422）包含在新的维修活动中。

3. 对澳新标准 ICT 产业分类的评价

当今世界，全球经济越来越趋向于一体化，这加速了 ANZSIC 的诞生。ANZSIC 的作用是显而易见的，得益于这一体系，澳大利亚和新西兰的产业分类在横向上的可比性日益增强，两国经济协调发展。ANZSIC1993 以经济活动的类型作为 ICT 产业分类标准，依据澳新两国的具体国情来设置产业门类，在分类上与 ISIC Rev.3 大体保持了一致，提高了信息产业统计数据的国际比较性。

ANZSIC2006 为了适应当前信息产业发展的需要，以 ANZSIC1993 版本为基础，在分类体系准则上更为精确，在 ICT 产业范围的内容中并没有什么变化。ANZSIC2006 分类体系参考了 ISIC Rev.4 草案，以与 ISIC Rev.4 保持一致。由于国情的不同，ANZSIC2006 中图书馆和档案馆的信息服务同样属于"信息媒介与通信"部门，而 ISIC Rev.4 则将其纳入 R（艺术娱乐和休闲活动）部门中，这是因为两国信息产业不如美国和德国等国家成熟，图书馆和档案馆对国民经济仍有一定的贡献。随着信息经济的发达，当电子化逐渐取代纸质化时，ANZSIC 中图书馆和档案馆等传统产业也会如 ISIC Rev.4 一样从信息产业中剔除。

目前我国信息产业分类体系正在快速发展，澳大利亚和新西兰在 ANZSIC 的几个版本中所做的努力是值得我国学习和参考的。正是由于两国重点关注 ISIC、NAICS 和 OECD 等国际权威产业分类体系的发展，在子类层级上保持了与 ISIC Rev.4 草案的一致，才大大提高了国际可比性。这也给我国产业统计数据的发展提供了经验。

2.3 国际组织的 ICT 产业分类

2.3.1 国际标准产业分类体系中的 ICT 产业分类

作为目前生产性经济活动的国际基础分类，国际标准行业分类全称《所有经济活动的国际标准行业分类》（International Standard Industrial Classification of All Economic Activities），也可以说是当今世界影响最广泛、最权威的参考型分类体系，超过 150 个国家的产业分类体系都是以 ISIC 为基础建立的可以充分说明这一点。

1. 国际标准体系的 ICT 产业分类及其演化

ISIC 在全球范围内具有很高的权威性和影响力，在国际统计产业中，作为一项基础的分类体系，被广泛应用于与统计相关的行业中，是由联合国统计委员会颁布的。

ISIC 经历了多个版本的修改，最新版的 ISIC4.0 于 2006 年由联合国统计委员会审计通过。这中间包括 1948 年由联合国经济和社会理事会批准通过的 ISIC 第一版，联合国统计委员会在 1958 年、1968 年和 1990 年相继对产业分类做出修改而推出的修订版 ISIC 1.0、ISIC 2.0 和 ISIC 3.0。ISIC Rev.3.1 是 2002 年联合国统计委员会对 ISIC 3.0 做出修改的版本，即国际标准产业分类第 3.1 修订版。直到 2006 年它才被 ISIC Rev.4 所取代。

ISIC Rev.1 的产业分类从大到小分为部门、主组和组 3 级门类，各门类采用 3 位十进制的阿拉伯数字方式进行编码，代表三级分类。ICT 相关产业主要分布在 ISIC Rev.1 中的 2 部门（制造业）中的 28（印刷、出版及有关行业）、7 部门（运输、仓储和通讯）中的 73（通讯）和 8 部门（服务）中的 84（娱乐服务）。在 ISIC Rev.1 中并没有设立独立的信息和通信业部门。

ISIC Rev.2 分类体系相较于 ISIC Rev.1 由三级改为四级，多了主要部门这一类别，采用 4 位阿拉伯数字作为其分类符号体系。ISIC Rev.2 中与信息和通信业对应的产业主要分布在 34 部门（纸、纸制品生产、印刷和出版）、39 部门（其他制造业）、72 部门（通讯）、83 部门（房地产和商业活动）和 94 部门（娱乐和文化活动），与 ISIC Rev.1 中信息与通信技术相关产业涵盖的范围相比没有太大的变化，除了在 ISIC Rev.2 中信息相关部门分布在印刷和出版、通信业、电影的制作和放映，以及广播、电视节目的制作及数据处理服务中。

ISIC Rev.3 的产业分类层级与 ISIC Rev.2 相比在名称上做了更改，将主要部门改为大类，主组和组改名为组和子组，与过去纯阿拉伯数字方式编码有所不同，ISIC Rev.3 采用字母与阿拉伯数字结合的方式进行编码。其中产业大类用字母表示，大类下不同的部门和组则用数字表示，在直观上更加清晰。随着社会的发展，信息技术不断提高，经济发展日益信息化，ISIC Rev.2 版本对于 ICT 产业的界定已经跟不上发展的需要。由此，更加细致、范围更广的 ISIC Rev.3 很好地适应了电子信息技术在社会生活中的发展。它在原有的 ISIC Rev.2 的基础上增加了数据处理和电子信息的数据库活动、通讯社等其他娱乐活动，拓宽了信息与技术产业的范围，信息与通信技术产业具体包括：图书报纸、杂志期刊、音乐等录音媒体及其他出版物的出版，包括广播、贺卡、时间表的信息出版活动，电信，硬件及软件咨询和供给，电影录像的生产、制作和发行，数据处理和电子信息的数据库活动，无线电视和广播活动，通讯社等其他娱乐活动。

2. ISICRev.4 的创新与应用

在 ISIC Rev.4 之前的版本中，信息和通信等类似产业主要分布在 D（制造业）、I（运输、仓储和通讯）、K（房地产、租赁和商业活动）和 O（其他社会、社区及个人服务活动）4 个大类下。但在当前高度发展的信息时代下，信息和通信业是国民经济中尤为关键的一股力量，联合国统计委员会为了突出信息通信对国民经济与日俱增的贡献，在 2006 年发布了 ISIC Rev.4 版本。这次的版本中首次把信息和通信相关产业单独设立为一个大类，用大写字母 J 表示。新建门类 J（信息和通信业）下设 6 个部门、13 个组和 23 个子组，既有传统意义的产业，也有现代化的产业，既包括发行出版业，又包括节目广播和通信业。

ISIC4.0 中信息和通信部门被定义为：信息和通信部门包括信息和文化产品的生产和发行，为传送或发行这些产品以及数据或信息提供的手段，信息技术活动，数据处理和其他信息服务活动。该分类具有以下特征：第一，在活动特征的基础上对信息和通信活动进行新的处理；第二，内容最能反映活动产出产品的价值，其呈现方式并不能反映产品的价值；第三，知识产权相关法律对活动产出的产品具有法律效应。

ISIC Rev.4 将分布在 ISIC Rev.3.1 中不同门类下的信息产业活动融合在了一起，创新性地形成一个独立的信息和通信业部门，完整综合地考虑了整条产业链。其中的活动具有共同的特性，就是信息是基于这些活动才能迅速扩散与再扩散的传播和服务，以活动特征为基础对信息和通信活动进行新的处理。经济活动的性质在新建的信息与通信门类与传统产业分类中存在着显著的差异，在传统产业中所有经济活动性质都相同，而在信息与通信门类中有很大的差异。虽然新的分类标准与之前版本的可比性降低了，但却很好地协调了经济活动，做到了一致性。

门类 J（信息和通信）界定的信息与通信产业指的是信息与通信技术服务业。此外，出版业从 ISIC Rev.3.1 的制造业中分离出来，在 ISIC Rev.4 中被划入门类 J（信息和通信）。ISIC Rev.4 信息和通信产业部门的划分见表 2-3。

表 2-3　ISIC Rev.4 信息和通信产业部门分类

部门代码	包含产业	子组代码	包含产业	涵盖内容
J58	出版活动			
		J5811	图书出版	印刷版、电子版（CD、电子显示器等）、音频或者网络形式的图书出版活动
		J5812	名录和邮件列表出版	印刷版或者电子版的事实或信息列表的出版
		J5813	报纸、杂志和期刊出版	印刷版、电子版或网络版的报纸（包括广告报纸）、期刊和其他杂志的出版

部门代码	包含产业	子组代码	包含产业	涵盖内容
		J5819	其他出版活动	包括网络版在内的名录、照片、雕版、明信片、贺卡、表格、海报、艺术品翻版、广告材料、其他印刷品的出版以及统计数据或其他信息的在线发表
		J5820	软件出版	现成（非客户定制的）软件的出版
J59	电影、录像和电视节目制作，录音和音乐出版活动			
		J5911	电影、录像和电视节目制作活动	电影、录像、电视节目和电视广告的制作
		J5912	电影、录像和电视节目后期制作活动	诸如标题、字幕、鸣谢、特效以及影带传输等后期制作活动，电影实验室活动和动画电影专门实验室活动以及电影馆活动
		J5913	电影、录像和电视节目分销活动	电影、录像带、DVD 的分销活动和分销权获取，以及面向电影院、电视网络、电视台和展厅的相似产品的分销活动
		J5914	电影放映活动	电影院、露天或其他放映机构的电影或磁带放映活动以及电影俱乐部活动
		J5920	录音和音乐出版活动	原创录音作品制作，录音服务活动以及音乐出版活动
J60	节目和广播活动			
		J6010	无线电广播	无线电广播站或机构以无线电信号向公众、机构或订阅者传递声音节目的活动，无线电网络活动、网络无线电台活动以及其维护和运营
		J6020	电视节目和电视广播活动	电影、纪录片等采购节目或诸如地方新闻、现场报道等自产节目或两者结合的一个完整电视节目的创作活动，视频点播节目和与电视广播整合在一起的数据广播
J61	通讯[①]			
		J6110	有线通讯活动	使用有线通讯设施传输语音、数据、文本、声音和视频的机构的运营和维护
		J6120	无线通讯活动	使用无线通讯设施传输语音、数据、文本、声音和视频的机构的运营和维护，寻呼、移动电话和其他无线通讯网络的运营和维护
		J6130	卫星通讯活动	使用卫星通讯设施传输语音、数据、文本、声音和视频的机构的运营和维护，由直接入户卫星系统向消费者转播有线网络、地方电视台或广播网络的视频、声音或文本节目，卫星设备运营商提供的因特网接入服务

① 标准翻译文件中这一部分都作"通讯"。

续表

部门代码	包含产业	子组代码	包含产业	涵盖内容
		J6190	其他通讯活动	诸如卫星追踪等专业通讯服务的提供，具有通过卫星系统进行通讯运输或通讯接受能力的机构的运营，因特网接入服务以及电信经销商
J62	计算机编程、咨询及相关活动			
		J6201	计算机编程活动	软件的编写、修改、测试和支持活动
		J6202	计算机咨询和计算机设备管理活动	集计算机硬件、软件和通讯技术于一体的计算机系统的规划和设计
		J6209	其他信息技术和计算机服务活动	诸如计算机灾难恢复、个人计算机安装、软件安装等在其他地方没有定义的其他信息技术和计算机相关活动
J63	信息服务活动			
		J6311	数据处理、托管和相关服务	托管、数据处理和相关活动的设备提供，专业托管活动，应用服务提供，虚拟主机提供，数据处理和数据接入活动
		J6312	门户网站	门户网站运营以及其他网站的运营
		J6391	新闻机构活动	向媒体提供新闻、图片和特写的新闻辛迪加和新闻机构的活动
		J6399	其他信息活动	诸如信息服务电话、基于合同或付费的信息检索服务、剪报服务等在别处没有定义过的其他信息服务

3. 对国际标准 ICT 产业分类的评价

当今世界的经济形势决定了信息产业的迅猛发展，为了适应发展的需要，信息产业在国际标准产业分类的最新更新中经历了大幅度的变化。

联合国在国际标准行业分类 ISIC4.0 中制定"信息和通信部门"时，为了实现连续性，参考了北美行业分类体系及 OECD 关于信息产业分类的先进经验，将 OECD 对信息产业的分类放到了 ISIC4.0 备选归并中，更加强调与其他产业分类进行比较。

ISIC 经历了编码方式的改进，分类准则的细化，为了突出在国民经济中的贡献而新建的信息与通信门类，从以前的按照经济活动的同质性来划分 ICT 产业的方式转变为现在考虑整个产业链，信息产业范畴扩展为信息出版活动、节目和广播制作、通信、计算机咨询和数据处理等从信息的生产到传播再到服务的一系列过程等改进。现阶段我国 ICT 产业正处在关键期，从 ISIC Rev 第一版本到现在的第四版本这一演变过程，值得我国学习和借鉴。

2.3.2 OECD 的 ICT 产业分类

OECD 目前在信息产业内容标准化进程中占据着主导的地位，因为其研究信息相关产业内容和分类标准的时间较早，依据 ISIC Rev.3 中的"部门组别"进行分类，并没有遵从原有的经济部门组织架构，反而从信息服务业和制造业两大主线出发，提出了"信息和通信技术部门"这一全新的产业定义，掀起了一股研究信息产业定义及分类的热潮。

1. OECD 关于信息产业分类及研究过程

1981 年 OECD 基于波拉特分类体系，对信息产业分类进行了微调，对其成员国信息经济发展状况进行了测度。此分类标准对信息产业的分类没有实质性的推动作用，算不上一种新的分类体系，其主要内容如表 2-4 所示。

表 2-4　1981 年 OECD 信息经济

第一信息部门	
定义	直接用来生产和分配信息商品和服务的部门，这些部门生产的信息商品和服务必须在市场上出售
包括内容	知识的生产与开发产业
	信息流通与通信产业
	调查和协调业
	风险管理业信息处理与传递服务业
	信息商品（包括政府部门中以提供商品化信息服务为主的部门）
第二信息部门	
定义	在物质商品和服务生产过程中通过提供非商品化的信息服务能够增加产出附加值的部门
包括内容	农业间接信息部门
	工业间接信息部门
	服务业间接信息部门

1998 年，OECD 出版了《信息和通讯技术部门的测量》，第一次基于联合国 ISIC 对信息产业进行定义，首次提出了"信息与通讯技术部门"概念，主要针对信息产业制造部门，指出了信息产业由制造业和服务业中与信息有关的内容构成，避开了对争议较大的第二信息部门的划分。

OECD 信息社会指数工作组在 1998 年 4 月总结出"信息产业"的概念，五个月之后得到了相关委员会的认可和公布。OECD 对信息产业的界定标准是：将信息产业分为信息技术制造业和信息技术服务业两个部分，信息技术制造业包括无线电接收机、有线电话等能够实现信息传输功能的产品，以及电子管、显像管等电子器件设备和用于监测、观察物理现象或过程的工业制造设备；信息技术服务业包括电子器械和设备的租赁和销售服务，以及利用电子手段进行通讯和传输的服务，如电信。OECD 在 2002 年紧跟着联合国统计委员会的脚步，随着 ISIC Rev.3.1 版本的发布，工作组也随之进行了局部调整。

2007 年，OECD 根据 ISIC Rev.4 信息与通信部门分类的标准，对信息产业的定义和分类标准做了进一步的修改，第一次提出"信息服务产业"这一概念。OECD 在 ISIC Rev.4 上进行了很大的调整，两者最大的不同在于 OECD 界定的信息产业不仅包括信息与通信技术服务业，还包括信息与通信技术制造业。

OECD 将信息产业设立了若干产业子部门，这些子部门分别归入制造业和服务业两大类。OECD 在对信息产业进行分类时遵循以下原则：①制造业门类下的产业部门的产品必须能够作为信息传递和信息处理设备的载体，实现信息处理、传输和通信功能；能够利用电子来控制物理过程、检测物理现象。②服务业门类下的产业部门的活动必须采用电子方式实现通信传输和信息处理的功能，且这种行为是有意识的。OECD 关于信息产业分类的界定见表 2-5。

表 2-5　OECD 关于信息产业分类的界定

产业分类	代码	部门
制造业	3000	办公、会计和计算机器
	3130	绝缘线和电缆
	3210	电子管和显像管及其他电子器件
	3220	电视、无线电发射机、有线电话和电报设备
	3230	电视无线电接收机、音像录放装置和相关制品
	3312	除了工业制造设备，用于测量、监察、检验、导航等其他过程的设备和配件
	3313	工业制造设备
服务业	5150	机械、设备和物资的批发
	6420	电信
	7123	办公机器和设备的出租
	72	计算机和有关的活动

2. 对 OECD 信息产业分类标准的评价

联合国统计委员会 ISIC 第四版信息产业分类体系为 OECD 关于 ICT 产业分

类全新定义提供了参考价值，制造业和服务业双管齐下，不拘束于原有信息产业定义范围的组织架构，拓展信息产业服务，国际上的各相关组织纷纷展开对信息产业的研究，为 ICT 产业分类的国际标准的统一做出了巨大的贡献。

但是 ISIC 与其不同，它的定义范围不包括信息与通信技术制造业，只包括相应的服务业。OECD 界定的 ICT 产业分为制造业和服务业两大类，遵循凡是信息相关的电子服务设备和信息传输的载体都属于信息产业制造部门的范畴这一原则。OECD 中信息产业不仅包括以现代电子技术为核心的信息技术产业，也包括传统的信息传播方式、电子信息设备、工业制造设备、电子器件、用于信息通讯设置的相关元配件及制品等不包含在 ISIC 信息产业分类体系中的行业，在分类上较为全面。但是由于出版活动、电影录像和广播电视的制作、新闻机构活动不满足通过电子手段进行信息处理和通信传输的原则，故 OECD 将其排除在 ICT 产业服务业门类之外。

2.3.3　欧盟信息产业分类体系

NACE 是欧盟内部制定，欧盟各成员国统一采用的产业分类体系，由欧盟统计处负责管理。这种分类体系派生于 ISIC 的产业分类体系，是目前最有影响力的派生型产业分类体系之一，NACE 的修订过程与 ISIC 保持一致，见表 2-6。

表 2-6　欧盟信息产业研究

年份	具体过程
1961	基于 1958 年 ISIC1.0，制定 NICE，只区分了一些大类，不够详细
1963	对 NICE 进行了修订，增加了一些子类
1965	制定欧共体商业与贸易分类体系 NCE
1967	制定服务业和农业的分类体系
1970	基于 1968 年 ISIC2.0，制定 NACE1970 版，兼容性和可比性较差
1990	基于 1990 年 ISIC3.0，制定 NACE1.0
2002	基于 2002 年 ISIC3.1，制定 NACE1.1，只对分类细节进行了微调
2008	基于 2008 年 ISIC4.0，制定 NACE2.0，首次将 J 信息通讯业剥离出来

从 NACE 1.0 开始，NACE 与 ISIC 的对应性越来越明显，其对部门的划分完全相同，分类符号体系也基本相同，NACE 2.0 信息通讯业与 ISIC 4.0 内容完全相同，只是在部门设置上进行了些许合并，编码有所不同，信息通讯业具体内容见表 2-7。

表 2-7　NACE 2.0 信息通讯业

部门编号及名称	部门编号及名称
58　出版活动	61.2　无线通信
58.1　报纸、杂志及其他出版	61.3　卫星通信
58.2　软件出版	61.4　其他通信
59　电影、录像及电视节目、录音及音乐出版活动	62　计算机程序设计、咨询及相关活动
59.1　电影、录像和电视节目	62.0　计算机程序设计、咨询及相关活动
59.2　录音及音乐出版活动	63　信息服务活动
60　节目广播	63.1　数据处理、托管及相关活动；Web 搜索门户
60.1　无线广播	63.9　其他信息服务活动
60.2　电视节目广播活动	63.91　新闻机构活动
61　电信业	63.99　其他信息服务活动
61.1　有线通信	

2.4　中国信息产业分类：现状及构想

中国在信息产业方面历经 20 多年的打磨，目前已经取得了突破性的进展与成果，信息产业的体系不断完善，规模不断扩大，对国民经济发展的贡献也越来越不容小觑，产业地位不断提升。但是值得注意的是，信息产业在经济上、在生活上、在社会上越来越重要，理论界和实践部门对信息产业的数据需求与日俱增，而与之相矛盾的是，中国信息产业在统计的理论基础和实践工作上仍然存在比较严重的短板，不能支持信息产业未来持续性的发展。在理论上，国内学者对信息产业的研究不够深入也不够全面，理论准备不足；在统计工作上，国家统计局虽然在 2004 年颁布了《统计上划分信息相关产业暂行规定》，在"一套表"中包含了部分信息产业相关的数据内容，但是随着时间的推移，《统计上划分信息相关产业暂行规定》与国际上权威的信息产业分类产生了较大差异，国际可比性越来越差，"一套表"中的信息相关数据，数据面窄，而且代表性不够的问题仍然存在。要全面、准确测度信息产业，建立一个既满足中国经济发展要求又具备较强国际可比性的信息产业分类标准迫在眉睫。

2.4.1　国内现有研究成果

1. 国内学者对信息产业的研究

21 世纪以来，中国学者对信息产业进行了深入的探讨和研究，在信息产业概念及内涵的研究上取得了不错的成果。

隗斌贤（2000）在《知识经济形态下的产业分类与计量研究》中指出，快速发展的科学技术将推动知识产业的发展，作为崭新的产业形态独立存在。为了更加深入地研究知识产业结构及知识产业形态的变化，知识产业应该脱离前三产业，作为一个新兴产业独立发展。知识产业通过较高的知识含量及知识技术密度来创造财富。知识产业作为独立的第四产业，其范围如图 2-2 所示。

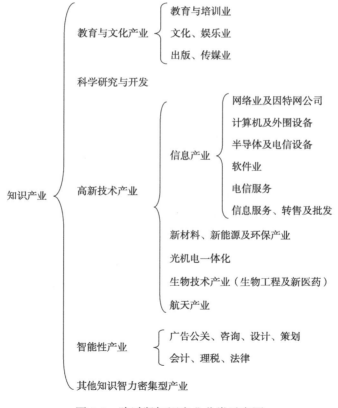

图 2-2　隗斌贤知识产业分类示意图

方宽和杨小刚（2001）指出对于统计工作者来说，首先要解决的问题就是信息产业的范围，在此基础上才能对我国信息产业的发展现状进行量化分析。他们认为信息的特征决定了信息活动，但不能简单地用信息特征来解释信息产业，只有当信息活动创造了社会价值才能算作信息产业。传统的信息活动，如出版、图书馆、电话等都不能算作信息产业，因为其对经济增长的作用是有限的。

司有和（2001）在《信息产业学》中提出，基于分类理论和逻辑学规则来对信息产业进行划分，具体规则如下：第一，对信息产业划分时，母项与子项之间需要一一对应，也就是说，母项外延必须等于各个子项的外延之和；第二，划分出子项后，该子项必须处在所属层级上，在划分后的体系中，子项、子子项一定不能超级，否则会导致整体划分系统出现逻辑性错误，形成"子项超级"的现象；第三，每一个子项之间要互相独立、互不相容，并且要避免内容上的重叠或产生交集；第四，在划分时所采用的根据必须相同，在每一次划分中，如果采用不同的标准，就会导致划分的结果出现"混淆"，在划分时，应尽量避免发生逻辑错误。司有和根据以上分类标准和划分规则，寻找分类体系中存在的共同点，设立了一套合理的分类体系。该体系的信息产业分类标准见表 2-8。

表 2-8 司有和关于信息产业的分类

信息产业	信息技术设备制造部门		微电子技术器件制造业
			计算机技术设备制造业
			通信与网络设备制造业
			多媒体技术设备制造业
			视听技术设备制造业
			微缩复印技术设备制造业
			电子技术设备制造业
			信息基础设施业
	信息商品化部门	信息生产产业	信息服务业
			数据库开发应用业
			计算机信息处理业
			软件开发与处理业
			系统集成服务业
			情报研究服务业
			专利、标准、图纸业
		信息传播产业	新闻报道业
			书刊出版业
			文献检索服务业

续表

信息产业	信息商品化部门	信息传播产业	图书档案业
			邮政电信业
			广告业、金融业
		信息服务产业	咨询服务业
			代理服务业
			网络服务业
			印刷服务业
			保险业
			信息设备维修业
			市场信息服务业
			旅游业、娱乐业
			医疗保健业
	准信息部门（附属于非信息产业内部的信息部门）		

资料来源：司有和. 信息产业学[M]. 重庆：重庆出版社，2001

李连友（2002）指出，国内外对信息产业的分类没有达成统一意见，他认为，划分信息产业时应该遵循经济活动同质性、核算的整体性、国际或地区间可比性的原则。依据上述原则，若根据信息产业的功能特征，对信息产业进行分类，可将其分为信息工业和信息服务业；而根据从事信息产业活动的单位进行分类，不同性质的信息产业单位可以分为第一信息部门和第二信息部门。

赵正龙（2003）对美国商务部、北美产业分类系统、联合国国际标准产业分类和 OECD 信息产业分类进行了梳理和对比研究，指出信息产业有越来越集中于信息设备制造业和信息内容产业的趋势。在此基础上，笔者认为信息产业是提供信息内容和信息服务，以信息的生产、收集、整理、传播为主要目的的服务性行业。

2005 年，黎苑楚博士在其博士学位论文《信息产业演进规律与发展模式研究》中将信息产业定义为信息内容和服务的生产、提供和消费支撑，包括档案馆、图书馆、影视制作和发行、ICP（information content provider，信息内容提供商）和数据库等提供信息内容生产的产业，电视广播、信息咨询、网络服务、广告业等提供信息内容服务的产业，计算机、电子元器件的制造、通信设备等信息服务的消费支撑产业。

2007 年，魏和清在其博士学位论文《知识经济测度方法研究》中提出，中国的知识产业结构是由现阶段中国国情决定的，并构建出一套知识经济产业测度体系。该体系参考了 2002 年版《国民经济行业分类》，将知识产业分为知识密集型服务业和高技术产业，如表 2-9 所示。

表 2-9　魏和清的知识经济产业分类

代码	类别名称	代码	类别名称
	高技术产业		知识密集型服务业
27	医药制造业	60	电信和其他信息传输服务
376	航空航天器制造业	61	计算机服务
40-403	电子及通信设备制造业	62	软件服务业
401	通信设备制造业	68	银行业
402	雷达及配套设备制造	69	证券业
403	广播电视设备制造	70	保险业
404+4154+4155	电子计算机及办公设备制造业	71	其他金融活动
404	电子计算机制造	74	商务服务业
4154	复印和胶印设备制造	75	科学研究、试验发展
4155	计算器及货币专用设备	76	专业技术服务
368+411+412+4141+419	医疗设备及仪器仪表制造业	78	地质勘查业
368	医疗仪器设备及器械制造	84	教育
411	通用仪器仪表制造	88	新闻出版业
412	专用仪器仪表制造	89	广播、电视、电影和音像业
4141	光学仪器制造	90	文化艺术业
419	其他仪器仪表的制造及修理		

资料来源：魏和清. 知识经济测度方法研究. 东北财经大学博士学位论文，2007

　　向蓉美（2007）对国内外的相关组织和学者的研究进行了梳理，指出波拉特的信息产业分类是较为准确的，认为应该将金融、统计和教育部门纳入信息产业中。同时指出，信息产业的分类和归并是一个仁者见仁，智者见智的问题，应该根据不同的目的和需要，按照信息活动自身的特征，对信息产业进行归类。

　　张媛媛和刘杨（2012）以信息技术的变革及创新为出发点，阐释了 IT 经济的兴起与发展过程，同时整合了实际中常用的信息产业分类体系，其研究包括联合国的产业分类体系、OECD 分类体系和 NAICS 体系，并对比了两种中国现有的信息产业分类（即《统计上划分信息相关产业暂行规定》和《中国电子信息产业统计年鉴（综合篇）2009》）。通过对比，结合目前中国的经济发展情况，得出应该将信息制造业包括在信息产业内的结论。

　　综上所述，国内对信息产业分类的研究大体分为两类：第一类是从产业分类的理论、原则等角度对信息产业分类的范围进行探讨和界定；第二类是对国际上权威的产业分类体系进行借鉴和对比研究，对我国信息产业分类给出个人见解和相关建议。通过对大量国内文献的梳理，本书认为，国内对信息产业分类大体上可以分三类：宽口径、中口径、窄口径。

宽口径信息产业观中，信息产业囊括所有与信息的生产、收集、整理、传递和利用相关的产业，除与电子计算机直接关联的信息技术产业和信息服务业以外，还包括新闻、出版、金融、教育、广播通讯、广告、科研、邮政等，主要代表性的学者有贺铿（1989）、许晶华（2001）、向蓉美（2007）等。

中口径信息产业则只把信息产业分为信息技术产业和信息服务业两种。信息技术产业包括信息处理设备行业（即硬件的制造和生产行业、软件及服务产业）和信息传递行业（即通信设备和通信服务产业）。信息服务业指对信息进行加工处理并为社会提供专业服务的行业（包括系统集成和网络服务、信息咨询业、数据库服务业、电子出版业、广告业及图书馆和档案馆等），主要代表学者有李连友（2002）等。

窄口径信息产业观认为，信息产业只包括信息服务业，相关学者有赵正龙（2003）等。

通过以上对国外和国内的信息产业分类研究回顾，我们发现尽管国内宽口径的信息产业分类方法在对信息产业的定义上与马克卢普和波拉特的不同，但所包含的内容相差不多。而在国际社会上，马克卢普和波拉特的这种"大范围"信息产业分类方法已经不再使用；中口径的信息产业观与 OECD 信息产业及中国信息产业暂行规定分类所包含的内容大致一样；窄口径信息产业观与国际标准产业分类、北美产业分类、欧盟产业分类及澳新产业分类所包含内容大体一致。

2. 中国官方分类体系的信息相关产业

目前中国在统计行业仍没有形成信息产业内通用的分类体系，运用统计数据对信息产业和信息化的发展现状定量评估得到的结果不具有可比性。针对信息行业的数据地区间和国际上都不可比的问题，国家统计局依据信息活动特征，在行业分类的基础上对信息产业的类别进行了重组和梳理，2004 年发布了《统计上划分信息相关产业暂行规定》。《统计上划分信息相关产业暂行规定》的产业代码和细分名称取自 2002 年版《国民经济行业分类》，是将国民经济行业分类体系中的信息产业提取出来的分类，独立于国民经济分类但又与之严格一致。另外《统计上划分信息相关产业暂行规定》对信息产业的统计分类对照联合国 ISIC Rev.3.1的分类标准，依据此标准进行的国际比较结果比原来更具有参考价值。

目前，我国信息产业执行《统计上划分信息相关产业暂行规定》的中口径分类方式，以十六大"优先发展信息产业，在经济和社会领域广泛应用信息技术"①的战略目标为导向，将信息产业界定为包括电子信息设备制造及租赁和销售、电子信息传输服务、计算机服务和软件业，以及出版业、电影音像业、图书及档案馆等其他信息相关服务的行业。同时实现了国内对信息产业数据的观测需求和国际可比两个目标。我国信息相关产业的分类见表 2-10。

表 2-10　中国信息相关产业分类

类别名称	分类代码
一、电子信息设备制造	
1. 电子计算机设备制造	
电子计算机整机制造	4041
计算机网络设备制造	4042
电子计算机外部设备制造	4043
2. 通信设备制造	
通信传输设备制造	4011
通信交换设备制造	4012
通信终端设备制造	4013
移动通信及终端设备制造	4014
其他通信设备制造	4019
3. 广播电视设备制造业	
广播电视节目制作及发射设备制造	4031
广播电视接收设备及器材制造	4032
应用电视设备及其他广播电视设备制造	4039
4. 电子器件和元件制造	
电子真空器件制造	4051
半导体分立器件制造	4052
集成电路制造	4053
光电子器件及其他电子器件制造	4059
电子元件及组件制造	4061
印制电路板制造	4062
5. 家用视听设备制造	
家用影视设备制造	4071
家用音响设备制造	4072

①　江泽民. 全面建设小康社会开创中国特色社会主义事业新局面——在中国共产党第十六次全国代表大会上的报告[M]. 北京：人民出版社，2002.

续表

类别名称	分类代码
6. 通用电子仪器仪表制造	
工业自动控制系统装置制造	4111
电工仪器仪表制造	4112
实验分析仪器制造	4114
供应用仪表及其他通用仪器制造	4119
7. 专用电子仪器仪表制造	
雷达及配套设备制造	4020
环境监测专用仪器仪表制造	4121
导航、气象及海洋专用仪器制造	4123
农林牧渔专用仪器仪表制造	4124
地质勘探和地震专用仪器制造	4125
核子及核辐射测量仪器制造	4127
电子测量仪器制造	4128
其他专用仪器制造	4129
8. 其他电子信息设备制造	
电线电缆制造	3931
光纤、光缆制造	3932
计算器及货币专用设备制造	4155
二、电子信息设备销售和租赁	
1. 计算机、软件及辅助设备销售	
计算机、软件及辅助设备批发	6375
计算机、软件及辅助设备零售	6572
其他电子产品零售	6579
2. 通信设备销售	
通讯①及广播电视设备批发	6376
通信设备零售	6573
3. 计算机及通讯设备租赁	
计算机及通讯设备租赁	7314
三、电子信息传输服务	
1. 电信	
固定电信服务	6011

---

① 原表如此，这里保留。下表如无特别说明，皆为引用原表，保留"通讯"。

续表

类别名称	分类代码
移动电信服务	6012
其他电信服务	6019
2. 互联网信息服务	
互联网信息服务	6020
3. 广播电视传输服务	
有线广播电视传输服务	6031
无线广播电视传输服务	6032
4. 卫星传输服务	
卫星传输服务	6040
四、计算机服务和软件业	
1. 计算机服务	
计算机系统服务	6110
数据处理	6120
计算机维修	6130
其他计算机服务	6190
2. 软件服务	
基础软件服务	6211
应用软件服务	6212
其他软件服务	6290
五、其他信息相关服务	
1. 广播、电视、电影和音像业	
广播	8910
电视	8920
电影制作与发行	8931
电影放映	8932
音像制作	8940
2. 新闻出版业	
新闻业	8810
图书出版	8821
报纸出版	8822
期刊出版	8823
音像制品出版	8824
电子出版物出版	8825

续表

类别名称	分类代码
其他出版	8829
3. 图书馆与档案馆	
图书馆	9031
档案馆	9032

注：分类代码栏中的代码均采用《国民经济行业分类》小类代码

资料来源：国家统计局网站. 统计上划分信息相关产业暂行规定. http://www.stats.gov.cn/tjsj/tjbz/200402/t20040210_8659.html，2004-02-10

《统计上划分信息相关产业暂行规定》制定的产业信息分类标准具有较高级的理论权威性，这项标准从国民经济行业分类中分离出来，单独成立体系，在实践中可操作性和实用性较强。

另外《统计上划分信息相关产业暂行规定》的制定考虑国际比较的可行性，以 ISIC 作为对比的接口端，参照 ISIC Rev.3.1 分类代码，整合重组出"信息与通讯技术"和"信息部门"，在统计的分类口径上与联合国保持一致。表 2-11 列出了联合国"信息业"与中国"信息相关产业分类"的对比情况。

表 2-11 联合国"信息业"与中国"信息相关产业分类"对照表

联合国"信息业"	中国"信息相关产业分类"	
录制媒体的出版、印刷和复制		
2211 书籍、小册子和其他出版物出版	图书出版	8821
2212 报纸、期刊和杂志出版	报纸出版	8822
	期刊出版	8823
2213 记录媒介出版	音像制品出版	8824
	电子出版物出版	8825
2219 其他出版	其他出版	8829
邮政和电信		
6420 电讯	固定电信服务	6011
	移动电信服务	6012
	其他电信服务	6019
	有线广播电视传输服务	6031
	无线广播电视传输服务	6032
	卫星传输服务	6040

续表

联合国"信息业"	中国"信息相关产业分类"	
计算机和有关活动		
7221 软件出版	基础软件服务	6211
	应用软件服务	6212
7230 数据处理	数据处理	6120
7240 数据库活动和电子内容在线分发	互联网信息服务	6020
娱乐、文化和体育活动		
9211 影片和影带的制作和发行	电影制作与发行	8931
	音像制作	8940
9212 影片放映	电影放映	8932
9213 广播和电视活动	广播	8910
	电视	8920
9220 新闻社活动	新闻业	8810
9231 图书馆和档案馆活动	图书馆	9031
	档案馆	9032

　　由表 2-10 和表 2-11 可看出，联合国的"信息业"统计口径略小于中国的"信息相关产业分类"，不包含中国"信息相关产业分类"中的"电子信息设备制造""电子信息设备销售和租赁"，以及"计算机服务"中的部分行业。表 2-12 为联合国"信息和通讯技术"与中国"信息相关产业分类"对照表。

表 2-12　联合国"信息和通讯技术"与中国"信息相关产业分类"对照表

联合国"信息和通讯技术"	中国"信息相关产业分类"	
办公、会计和计算器具的制造		
3000 办公、会计和计算器具的制造	电子计算机整机制造	4041
	电子计算机外部设备制造	4043
	计算器及货币专用设备制造	4155
电力机床和器械的制造		
3130 绝缘线和电缆的制造	电线电缆制造	3931
	光纤、光缆制造	3932
收音机、电视和通讯设备和器材的制造		
3210 电子阀门和电子管及其他电子组件的制造	电子真空器件制造	4051

续表

联合国"信息和通讯技术"	中国"信息相关产业分类"	
	半导体分立器件制造	4052
	集成电路制造	4053
	光电子器件及其他电子器件制造	4059
	电子元件及组件制造	4061
3220 用于有线电话和有线传输的电视和无线电发射机和设备的制造	印制电路板制造	4062
	通信传输设备制造	4011
	通信交换设备制造	4012
	通信终端设备制造	4013
	移动通信及终端设备制造	4014
	其他通信设备制造	4019
	广播电视节目制作及发射设备制造	4031
3230 电视和无线电接收机、音、像录制或复制设备及其相关产品的制造	计算机网络设备制造	4042
	移动通信及终端设备制造	4014
	广播电视接收设备及器材制造	4032
	应用电视设备及其他广播电视设备制造	4039
	家用影视设备制造	4071
	家用音响设备制造	4072
医疗设备和仪器及度量、检验、测试、导航和其他用途器具的制造，光学仪器除外		
3312 度量、检验、测试、导航和其他用途仪器仪表的制造，工业流程检测设备除外	雷达及配套设备制造	4020
	电工仪器仪表制造	4112
	实验分析仪器制造	4114
	供应用仪表及其他通用仪器制造	4119
	环境监测专用仪器仪表制造	4121
	导航、气象及海洋专用仪器制造	4123
	农林牧渔专用仪器仪表制造	4124
	地质勘探和地震专用仪器制造	4125
	核子及核辐射测量仪器制造	4127
	电子测量仪器制造	4128

续表

联合国"信息和通讯技术"	中国"信息相关产业分类"	
	其他专用仪器制造	4129
3313 工艺流程检测设备的制造	工业自动控制系统装置制造	4111
批发贸易和经纪贸易，机动车辆和摩托车除外		
5151 计算机、计算机周边设备和软件的批发贸易	计算机、软件及辅助设备批发	6375
5152 电子部件和设备的批发贸易	通讯及广播电视设备批发	6376
	计算机、软件及辅助设备零售	6572
	通信设备零售	6573
	其他电子产品零售	6579
邮政和电信		
6420 电讯①	固定电信服务	6011
	移动电信服务	6012
	其他电信服务	6019
	有线广播电视传输服务	6031
	无线广播电视传输服务	6032
	卫星传输服务	6040
无接线员机器和设备及个人和家庭用品的租赁		
7123 办公器具和设备的租赁（包括计算机）	计算机及通讯设备租赁	7314
计算机和有关活动		
7210 硬件咨询	计算机系统服务	6110
7221 软件出版	基础软件服务	6211
	应用软件服务	6212
7229 其他软件咨询和供应	其他软件服务	6290
7230 数据处理	数据处理	6120
7240 数据库活动	互联网信息服务	6020
7250 办公、会计和计算器具的保养和维修	计算机维修	6130
7290 其他与计算机有关的活动	其他计算机服务	6190

中国的"信息相关产业分类"比联合国"信息和通讯技术"多了"其他信息相关服务"一项。

---

① 原文引用。

2.4.2　国内 ICT 产业分类发展状况评价

在信息产业的统计划分上，国内外学者还有较大争议，国际上比较权威的划分方法种类繁多，总体上有两种划分方法占主导地位，一种侧重技术行业，另一种更侧重传播行业，两种分类方法并行，指定的标准也不能达到基本一致。

国内针对信息产业划分的研究已经有很多，但是总体质量和研究水平还不够高，更多的是借鉴国外学者和机构的成果，没有创新点。许多研究成果的分类不够细致，只粗略地分类到一级而不包括行业分类，这样很容易误导人们根据大类别分类的名称望文生义。界定的信息产业范围不够明晰，实际操作中参考样价值不大；研究方向受波拉特信息产业广义分类和日本科学技术与经济学会的分类影响较深，基本是在这两种结构的基础上进一步思考的；从国外引进的成果有很多不适合我国实际国情，属于低水平引进，如某些研究将来源于日本科学技术与经济学会的"教养产业"也界定为一项信息产业，这里所谓的教养产业在中国不能算作一个产业，这样的分类是缺少思考没有意义的。

2.4.3　中国信息产业分类建立

1. 总结与梳理：信息产业分类的基本原则与趋势

通过对比和分析各分类体系，我们大体可以将信息产业的分类归为两种，一种是按北美信息产业和国际标准信息产业的分类方法，只包括信息服务业和信息内容产业，另一种是按 OECD 的分类方法，除上述两种产业外还将信息设备制造产业囊括进来。这两种分类方法均排除了波拉特第二信息部门，因为对于这一部门是否应该包括在信息产业内存在很大争议；而这两种观点的主要争论之处在于信息设备的制造是否应被包含在信息产业中。北美产业分类方法中，信息制造业没有被划分到信息产业内，而是单独成立了一个制造部门，有其他核算去向。而在中国曾经引起广泛讨论的宽口径信息产业缺少实际可操作性，在国际上已经被淘汰。

为了更清晰地看三种代表性分类方法的定义及界定范畴，表 2-13 列举了它们的不同点。

表 2-13　信息产业的不同定义

信息产业分类体系	信息产业定义及范畴
OECD	信息和通信技术部门：能通过电子手段完成信息加工和通信，或具有信息加工和通信功能，其中包括信息传输和显示，由制造业和服务业中与信息有关内容构成。内容和媒介：能通过大众传媒向大众传播信息、使大众接受教育或为大众提供娱乐，主要涉及生产、出版或发布信息及文娱产品的行业
NAICS	既包括主要生产、加工和传播信息的行业，也包括每一个使用现有的资料和信息技术进一步重组和生产信息产品的行业
ISIC	包括信息和文化产品的生产和发行，为传送或发行这些产品及数据或信息提供的手段，信息技术活动，数据处理和其他信息服务活动

从以上对信息产业的定义中，我们可以看出，三种定义主要区别在于 ISIC 4.0 将信息服务业拆解开，把新兴的依靠电子和网络通讯技术的现代意义的服务业和传统意义上以信息制作和传播为主的信息产业区分开，将"技术"作为一项重要的分类依据。

OECD 分类标准的范畴更广，不仅包含信息服务也包含信息制造。此外，一些细节分类也有所不同，如 OECD 将信息和通讯技术贸易（4651 软件、电子计算机及其外围设备的批发和 4652 电子、电信设备及其零件的批发）与信息和通讯技术服务业（9511 计算机及外围设备的维修和 9512 通讯设备的维修）等在 NAICS 及 ISIC 中并未包含的行业归入了信息产业。

北美的 NAICS2017 信息产业将"51912 图书馆和档案馆"归类于"519 其他信息服务"类别中，而其他两种分类都没有将其包括在内，ISIC 4.0 将其归入 R（艺术娱乐和休闲活动）。

本书认为，国际社会对信息产业分类已形成普遍认识："软"性的信息类部门属于信息产业，即信息服务业与内容和媒介产业属于信息产业。而"硬"性的信息相关部门是否属于信息产业，各方处理的意见不同。

NAICS、NACE 没有将信息设备制造业归入信息产业的原因：首先，是出于整体性的思考，将信息设备制造业纳入信息产业会破坏原来国民账户的分类框架，违反其划分依据，损坏账户的完整程度；其次，北美和欧洲等发达地区从自身的发展阶段考虑，这些地区知识密集型产业飞速发展，信息服务业在国民经济中势头强劲，而制造业发展趋势稳定且平缓，从统计分析的价值层面考虑，信息设备的制造业剔除出去是比较合理的；最后，与农业器械的制造不属于农业而属于制造业的分类方法类似，北美和欧盟对信息产业的界定是建立在信息活动的基础特征上，信息设备的制造业不具有参与社会活动的特征，只是为信息的加工和传递提供方法。

而 OECD 将信息设备制造业归入信息产业的原因有：首先，OECD 对信息产业的界定是所有借助电子手段或本身就能够完成信息加工和通信的行业，信息设备的制造行业符合这种定义方式，所以被包含在内；其次，OECD 在制定分类标准时要考虑全球各个国家的不同发展情况和政治因素，在不够发达的地区，制造业仍然是国民经济的主体，这种分类方式能够合理地评估各国信息产业的整体情况；最后，将信息设备制造业纳入信息产业的划分方法能够更加完整地测算出信息产业对国民经济的推动，反映的信息产业的发展规律更贴近实际，有利于制定推动国民经济均衡健康发展的政策。

综上所述，我们认为，虽然从经济属性上来说，信息设备制造业必然属于制造业（正如我们不能把生产压面机的企业归入餐饮业，不能把汽车的生产企业归入运输业一样）。但我国仍属于制造业占主体地位的发展中国家，知识和技术密集型产业刚刚起步，服务业发展与北美、欧盟等发达地区存在较大差距，若不将信息设备制造业纳入信息产业，评估得到的结果将低估我国信息产业的整体发展情况，衡量出的信息产业对国民经济的影响会存在偏差。所以将信息设备制造业划入信息产业能够更全面地衡量信息产业的发展情况，适宜我国目前的经济形势，有利于制定符合我国国情的政策以确保国民经济向好发展。因此我国现阶段信息产业分类标准应参考 OECD 的分类方法，将信息设备制造业划分进来。

本书认为，将信息设备制造业纳入信息产业范畴具有合理性，但是我们也认同未来信息产业的核心仍然是"软性"的信息产业，未来信息设备制造业和机器加工在本质上和分析价值上都将相同。

因此，从长远性和国际可比角度来看，在设计信息产业分类标准草案时有必要将我国的信息产业分类标准设计为可拆分的结构。基于这一点考虑，我们认为在构建信息产业分类体系时应以国家统计局 2017 年制定的《国民经济行业分类》（GB/T 4754—2017）为依据，主要采纳 OECD 对信息产业的界定方法，拆分重组出我国的信息产业分类标准草案。

2. 中国信息产业分类标准草案设计

通过上述分析，根据 2017 年《国民经济行业分类》[①]（GB/T 4754—2017）分类标准，我们拆解出我国信息产业分类标准的草案，共分为"信息核心产业"和"信息外延产业"两个部分，见表 2-14 和表 2-15。

表 2-14　我国信息产业分类草案——信息核心产业

信息与通讯技术服务业	信息内容与媒介
63 电信、广播电视和卫星传输服务	23 印刷和记录媒介复制业
6311 固定电信服务	2311 书、报刊印刷

---

① 2017 年《国民经济行业分类》将"信息传输、软件和信息技术服务业"单独划分了出来，其范围与表 2-13 中的信息与通讯技术服务业内容基本一致。

续表

信息与通讯技术服务业	信息内容与媒介
6312 移动电信服务	2312 本册印制
6319 其他电信服务	2319 包装装潢及其他印刷
6321 有线广播电视传输服务	2320 装订及印刷相关服务
6322 无线广播电视传输服务	2330 记录媒介复制
6331 广播电视卫星传输服务	86 新闻和出版业
6339 其他卫星传输服务	8610 新闻业
64 互联网和相关服务	8621 图书出版
6410 互联网接入及相关服务	8622 报纸出版
6421 互联网搜索服务	8623 期刊出版
6422 互联网游戏服务	8624 音像制品出版
6429 互联网其他信息服务	8625 电子出版物出版
6431 互联网生产服务平台	8626 数字出版
6432 互联网生活服务平台	8629 其他出版业
6433 互联网科技创新平台	87 广播、电视、电影和录音制作业
6464 互联网公共服务平台	8710 广播
6439 其他互联网平台	8720 电视
6440 互联网安全服务	8730 影视节目制作
6450 互联网数据服务	8740 广播电视集成播控
6490 其他互联网服务	8750 电影和广播电视节目发行
65 软件和信息技术服务业	8760 电影放映
6511 基础软件开发	8770 录音制作
6512 支撑软件开发	88 文化艺术业
6513 应用软件开发	8831 图书馆
6519 其他软件开发	8832 档案馆
6520 集成电路设计	
6531 信息系统集成服务	
6532 物联网技术服务	
6540 运行维护服务	
6550 信息处理和存储支持服务	

续表

信息与通讯技术服务业	信息内容与媒介
6560 信息技术咨询服务	
6571 地理遥感信息服务	
6572 动漫、游戏数字内容服务	
6579 其他数字内容服务	
6591 呼叫中心	
6599 其他未列明信息技术服务业	

表 2-15　我国信息产业分类草案——信息外延产业

信息与通讯技术部门	信息内容与媒介部门
信息与通讯技术制造业	信息内容与媒介制造业
3911 计算机整机制造	3931 广播电视节目制作及发射设备制造
3912 计算机零部件制造	3932 广播电视接收设备制造
3913 计算机外围设备制造	3939 应用电视设备及其他广播电视设备制造
3919 其他计算机制造	3951 电视机制造
3921 通信系统设备制造	3952 音响设备制造
3922 通信终端设备制造	3953 影视录放设备制造
3971 电子真空器件制造	信息内容与媒介贸易
3972 半导体分立器件制造	5143 图书批发
3973 集成电路制造	5144 报刊批发
3974 显示器制造	5145 音像制品、电子和数字出版物批发
3975 半导体照明器件制造	5177 通讯设备批发（部分）
3976 光电子器件制造	5178 广播影视设备批发（部分）
3979 其他电子器件制造	5243 图书、报刊零售
3981 电阻电容电感元件制造	5244 音像制品、电子和数字出版物零售
3982 电子电路制造	5271 家用视听设备零售
信息与通讯技术贸易	信息内容与媒介租赁
5176 计算机、软件及辅助设备批发	7124 图书出租
5177 通讯[①]设备批发（部分）	7125 音像制品出租
5178 广播电视设备批发（部分）	信息内容与媒介维修

① 引用原表。

续表

信息与通讯技术部门	信息内容与媒介部门
5273 计算机、软件及辅助设备零售	8131 家用电子产品修理
5274 通信设备零售	
信息与通讯技术租赁	
7114 计算机及通讯①设备经营租赁	
信息与通讯维修	
8121 计算机和辅助设备修理	
8122 通讯①设备修理	

将表 2-14 和表 2-15 两个表格整合成一个表，就可以得到我国信息产业分类标准，剔除信息技术制造业和信息内容制造业后就与北美和联合国制定的产业分类标准具有可比性，若将信息内容制造业取消就与 OECD 制定的分类标准可比。

根据 2012 年投入产出表的编制原则和规定，我们将信息产业的投入产出部门整理成表 2-16 的形式。

表 2-16　信息产业部门

投入产出表部门	信息与通讯技术制造业	信息与通讯技术服务业	信息内容与媒介制造	信息内容与媒介服务
印刷品和记录媒介的复制品			全部	
计算机	全部			
通讯设备	全部			
广播电视设备和雷达及配套设备			部分	
视听设备			全部	
电子元器件	全部			
电信和其他信息传输服务		全部		
软件和信息技术服务		全部		
批发和零售贸易业		部分		部分
租赁业		部分		部分
新闻和出版				全部
广播、电视、电影和影视录音制作				全部
文化艺术				部分
修理和其他服务业		部分		部分

---

① 为引用原表。

综上，在构建信息产业卫星账户体系时，应像旅游卫星账户的构造一样，将信息和通讯设备的制造业考虑进去，但应注意要将它们从制造业中分离出来，而不是归入信息产业中。而对于制造业内部的信息部门（如财务、管理、人事等）不必再将其分离出去。随着科学技术的发展、信息产业的进一步发展与分工的细化，更多企业将采用外包的方式，这会使从事信息制造业的人数骤减，以目前我们采取的收入法和人力资源比例的核算方法进行测度，将越来越不能真实地反映这些部门创造的价值。

第3章 信息产业测度的方法选择

作为一个快速发展的朝阳产业,信息产业很早就进入了研究者的视野。随着经济结构调整和产业升级的持续演进,信息产业迅速发展,短短几十年,信息产业的测度理论和测度方法不断充实,信息产业测度体系日益完善。在众多研究成果中,忽略测度的侧重点和细节的差异,可将信息产业的测度方法分为两大类:信息产业的测度方法和信息化水平的测度方法。信息产业的测度方法主要是采用核算的基本思维(尽管有的方法距离核算还有比较大的距离),通过定义—分类—计算的思维逻辑,最终计算出与信息产业规模、结构相关的一系列指标;信息化水平测度方法主要是采用一套能够侧面反映信息产业发展状况的指标体系,侧重于建立一套系统的指标体系,通过指标体系来反映信息经济的发展状况。

3.1 信息产业的测度方法

3.1.1 马克卢普的知识产业理论

1. 基本方法

1962 年,马克卢普在《美国的知识生产与分配》(*The Production and Distribution of Knowledge in the United States*)中,首次提出了"知识产业"的概念。他提出,知识产业或是为个人、为他人消费提供知识,或是指从事信息服务和生产信息产品的组织或机构,如厂商、机构、组织或部门,甚至可能为个人及其家庭。

马克卢普(2007)认为,研究与开发、所有层次的教育、通信及中介媒介、信息设备或设施、信息机构或组织是构成知识产业的五个层次。"知识产业"和构成"知识产业"的五个层次,成为信息经济理论的核心,也是马克卢普测度信息产业的核心内容之一。

马克卢普测度美国知识产业的生产与分配过程采用的是最终需求法，在其著作《美国知识的生产与分配》中，马克卢普给出了美国知识产业的测算方法和结果，见表 3-1。

表 3-1　1958 年美国知识产业核算表　　　单位：百万美元

知识产业分支	知识产业内容	价值
教育	家庭教育 在职培训 宗教教育 军事服务教育 中小学教育 高等教育 商业与职业培训 政府教育计划 公共图书馆 隐含的教育成本 　学生放弃的收入 　建筑物与场地的隐含租金 　免税学校的成本	
研究与开发	基础研究 应用研究 发展	
通讯媒介	印刷与出版 摄影、录音 戏剧、音乐和电影 广播、电视 广告、公共关系 电话、电报和邮政服务 会议	
信息设备	印刷业设备 乐器 电影设备 电话电报设备 信号设备 测量、观察与控制仪器 办公用设备 计算机	

续表

知识产业分支	知识产业内容	价值
信息服务	专业服务 　法律服务 　工程与建筑服务 　医疗服务 　会计 财政金融服务 　支票存款银行业 　证券经纪人 　保险代理人 　不动产代理人 　批发商的知识服务 　政府活动	

资料来源：陈禹，谢康. 1997. 马克卢普知识产业论及其影响[J]. 图书情报工作，（7）：9-13

2. 方法评价

马克卢普是第一位研究信息经济的学者，他从"知识"生产的角度出发，重新划定了知识产业的范畴。马克卢普的研究开创了信息经济研究的先河，他的测算方法和结果引起了理论界对信息经济问题的关注，极大地推动了信息经济研究的发展。

按照马克卢普研究的方法，首先需要根据知识产业的定义从统计体系中挑选出知识产业，然后利用最终需求法计算知识产业的规模，即

$$GNP = C + G + I + (X - M)$$

其中，C 代表居民消费；G 代表政府采购；I 代表投资；X 代表出口额；M 代表进出口额。

马克卢普最大的贡献就是开创性地提出了可供分析的信息经济测度框架，但是马克卢普的方法包括测算结果仍然受到诟病。

（1）知识产业的范畴。马克卢普划分的知识产业范围过于广阔且与标准产业分类之间的差距较大，知识产业的范围远大于国民经济账户的范围，因此使得数据的采集和计算工作受到阻碍。

（2）与 SNA 的联系度较低。虽然马克卢普也认为应该坚持国民账户概念的严密性，但实质上，其测度体系并没有跨入 SNA 的范畴，始终游离于国民核算的范围之外（例如，马克卢普测度体系中的家庭教育占了很大的比重，而在 SNA 中家庭教育的市场性较弱，在性质上类似于家务劳动，因此，并不纳入 SNA 的生产范围以内）。

（3）测算准确性较差。由于在测算过程中需要估算很多核算体系外的内容，客观上夸大了信息产业在国民生产总值中的比重，重复计算的概率升高，使得测算结果的可信度降低。

3.1.2 波拉特的测度理论

1. 测度方法

受马克卢普的影响，马克·波拉特 1977 年出版了《信息经济》一书。不同于马克卢普，波拉特将研究对象从"知识产业"扩展到整个信息活动，分别界定了信息、信息活动、信息资本、信息劳动者与信息职业的基本概念与范畴，并根据是否直接向市场提供信息商品和服务，将全社会的信息活动划分为一级信息部门和二级信息部门。

波拉特的测度分为两步：

第一步是确定一级信息部门，这一部分工作与马克卢普的工作很相似：按照相应的定义，根据经济普查或统计调查对各产业进行分类，建立起与国民收入和生产账户相协调的一级信息部门账户体系。确定一级信息部门，针对特殊的行业、部门，需要区别处理：第一，可以直接从制造业中划分出来的产业，如计算机、电信类；第二，需要另加考察或进行相当深入的讨论和分析的产业，如金融业和不动产类；第三，需要做具体的调查来确定信息生产与服务的份额的部门，如医疗、卫生、运输、检测等。在以上区别处理中，波拉特强调后两者需要具体分析产业的产出物，并根据产业实际运行状况确定本产业的产值及信息部门的比重。例如，银行业的产出物为利息和服务费，根据银行业实际运行状况测算的信息服务产出大约占 81%。

第二步是建立二级信息部门。波拉特将非信息部门内部执行计划、财务管理、通信、电子计算机处理、研究与开发、技术服务和文秘等活动的部门归于二级信息部门。显然，二级信息部门的划分结构要比一级复杂得多。测度方式上，首先，测算支持二级信息部门运行中所消耗的各种劳动力和资本的价值；其次，推算这些部门涉及信息服务部分的"准市场"价值；最后，按照在非信息产业内就业的信息劳动者的收入和非信息产业内购买的信息资本折旧两个可测度的投入量计算二级信息部门的增加值。

观察波拉特的两步测度方法，其实质上沿用了 SNA 的产业分类标准与增加值核算方法。例如，在进行第四产业中一级信息部门的分类工作中，利用了国民收入、生产账户的产业分类标准；在计算二级信息部门时，借用国民经济核算中增加值的有关计算方法，替代计算二级信息部门的增加值。

2. 方法评价

波拉特创新了信息产业的测算方法，提高了测算精确度，避免了重复累加；利用 SNA 中的产业分类标准，识别国民经济各部门中的信息行业，并将整个经济部门中反映信息行业或信息劳动力的变化进行量化；提出二级信息部门的概念并规定了划分范畴，借用国民经济核算增加值的计算方法进行规模测度。波拉特的信息产业测度理论糅合了国民经济核算的有关方法，加强了信息产业与其他产业部门的内在联系，深化了信息产业与国民经济结构、信息经济与国民经济的研究。

实际应用上，波拉特信息测度方法科学性较高，国际通用性较强，测定结果具有国际可比性，被各国广泛地用来测度信息产业的规模。我国的学者及研究机构也曾运用此方法先后对上海、北京、天津、江苏、吉林、宁夏及全国的信息经济规模进行了测评。

波拉特理论的应用性较强，但该方法也存在以下缺陷：第一，没有统一的科学标准对信息活动、信息行业和信息职业进行划分，对统计资料的要求较高，估算方法主观因素影响较大（如第二信息部门中信息的比例等），导致测度结果的准确性、可信度降低，可操作性变差；第二，波拉特定义的信息产业虽然涵盖了部分第二产业，但其未能将非信息部门的信息活动纳入其中，因此其测评值并不能全面准确地反映经济信息化程度，只能大致描述社会信息化水平；第三，该方法于 20 世纪 70 年代提出，无法反映当代信息化水平的测评。

3.1.3　马克卢普-波拉特方法的延续

马克卢普、波拉特开创了信息经济研究方法的先河，在他们的影响下，许多后续研究都按照这种方向发展下去。

1. 厄斯——信息活动相关分析方法

1985 年，厄斯使用因子分析法对信息活动与社会经济发展的关系进行了研究。

厄斯信息活动相关分析法的研究思路是：首先，进行变量间的相关性分析，得到每个国家 49 个反映信息化水平变量的相关系数；其次，使用因子分析法，对 49 个变量进行降维处理，确定衡量国家信息化水平的主因子［厄斯得到三个主因子，即"文字传播总量"（written communication）、"技术"（technology）和"图书馆"（libraries）］；最后，根据每个因子的分析结果计算综合得分，对 87 个发展中国家进行排序和分类。

厄斯的研究在方法上类似于对信息经济的计量研究，并没有涉及信息产业测度的核心框架，因此在信息经济测度领域的研究中影响力并不是很大。

2. 卢卡纳尔顿模型

在马克卢普-波拉特方法的基础上，卢卡纳尔顿（Karunaratne）进行了投入产出方法的应用与探索，试图用投入产出方法研究信息经济，其研究核心是编制信息经济投入产出表。与一般投入产出表不同，卢卡纳尔顿设计的信息经济投入产出表不仅包括一级信息部门，还包括二级信息部门（波拉特的划分方法）。由于二级信息部门并没有纳入现行全口径投入产出表的部门类别中，因此，对于二级信息部门的投入产出核算需要对各个行业进行大量的数据调查，并运用科学的方法对产业数据进行分解才能得到。

卢卡纳尔顿设计了一个包含一级信息部门和二级信息部门的投入产出模型。首先，根据一级信息部门的数据（可以从投入产出表中获得）计算每个产业部门的产出与总产出的比例（信息强度系数 p_i），利用矩阵 $\boldsymbol{P}$ 计算最初的投入产出表 $\boldsymbol{A}$。计算公式如下：

$$\left\langle \frac{\boldsymbol{PAP}}{(\boldsymbol{I}-\boldsymbol{P})\boldsymbol{AP}} \middle| \frac{\boldsymbol{PA}(\boldsymbol{I}-\boldsymbol{P})}{\boldsymbol{I}-\boldsymbol{PAI}-\boldsymbol{P}} \right\rangle = \left\langle \frac{\boldsymbol{A}^{11}}{\boldsymbol{A}^{21}} \middle| \frac{\boldsymbol{A}^{12}}{\boldsymbol{A}^{22}} \right\rangle = \boldsymbol{A}$$

其中，$\boldsymbol{P} = p_i$ 对角矩阵；$(\boldsymbol{I}-\boldsymbol{P})$=对角的非信息强度系数矩阵；$\boldsymbol{I}$ 为强度矩阵。

其次，将二级信息部门并入矩阵 $\boldsymbol{A}$ 中。扩展后的矩阵就可以反映信息产业的投入与产出关系。

3. 贺铿——王中华"信息产业投入产出分析法"

贺铿（1989）、王中华（1989）将波拉特研究思路与中国的实际情况相结合，对信息产业的投入产出方法进行了改进和创新，把信息产业划分为三个部门：第一信息部门——信息劳动资料生产部门，第二信息部门——直接信息部门和第三信息部门——间接信息部门。对于直接信息部门（第二信息部门）可以依据不同的研究目的，以不同的标志进行进一步的划分。例如，从信息部门的性质与特点角度划分，将信息部门分为科研与设计部门、情报资料部门、行政管理部门、文化教育部门及其他信息部门；从信息部门的隶属关系或所有制形式角度划分，将信息部门分为政府信息部门和民间信息部门；从信息产品的再生产环节角度划分，将信息部门划分为信息采集与加工部门、信息传输部门、信息存储部门、信息开发利用部门等。

根据各信息部门的特点，"投入产出分析法"采用以下两种方法计算总产值。

（1）分离法。即将有关信息行业从已有的全口径投入产出表中分离出来。该方法适用于第一、第二信息部门总产值的计算。

（2）典型调查法。即从农业、工业、建筑、交通邮电运输业、商业、饮食业等产业和直接服务部门、间接服务部门和政府部门等部门当中，分别挑选一些有代表性的单位，调查这些单位职工中信息工作者的实际人数，根据信息工作者人数推算信息业产值。

4. 曾昭磐的信息产业投入产出表编制方法

曾昭磐（2001）在贺铿—王中华信息产业投入产出表编制方法的基础上提出，为简化编表过程，可以根据全口径投入产出表编制信息产业投入产出表。并将信息部门进行细致划分，具体来说，就是按产值归类：剔除第一信息部门与直接信息部门之后，剩下的原第一产业、第二产业、第三产业部门中的信息产值分别汇总，构成农业间接信息部门、工业间接信息部门及其他间接信息部门的产值；再把余下构成非信息第一产业（非信息Ⅰ）、非信息第二产业（非信息Ⅱ）、非信息第三产业（非信息Ⅲ）的产值分别汇总。

按照以上方式，先将所有Ⅰ级分类部门划分为非信息部门与信息部门，再进一步划分为非信息Ⅰ（共 1 个部门），非信息Ⅱ（共 21 个部门），非信息Ⅲ（运输业、商业、非信息服务业 3 个部门），第一信息部门（信息工业与信息建筑业 2 个部门），直接信息部门（邮电通信、文教与广播电视事业、科研与综合技术服务业、金融保险业、行政机关及其他直接信息部门 6 个部门），间接信息部门（农业间接信息部门、工业间接信息部门、其他间接信息部门 3 个部门），以上总计包含 36 个部门。

为了编制（36×36）信息投入产出表，需要根据全口径（119×119）投入产出表计算Ⅲ级分类部门（共 119 个部门）产值中信息产值所占的比例大小，即转换系数（若全部门整体归入信息部门，则转换系数为 1.0），如此得到的比重数据就构成了"Ⅲ级分类部门→36 个部门"的转换系数矩阵。

3.2　信息化水平测度方法

3.2.1　信息化指数方法

1. 基本思想与方法

小松崎清介（1994）的信息化指数实际上是一种多指标综合评价方法的应用。其指标体系共分为三个层次。二级指标包含信息量、信息装备率、通信主体水平和信息系数四个指标。三级指标包含 11 项：人均年使用函件数、人均年通话次数、每百人每天报纸发行数、每平方千米人口密度、每万人书籍销售点数、每百人电话机数、每百人电视机数、每万人电子计算机数、第三产业人数的百分比、每百人在校大学生人数、个人消费中除去衣食住行杂费的比率。

小松崎清介的信息化指数模型如图 3-1 所示。

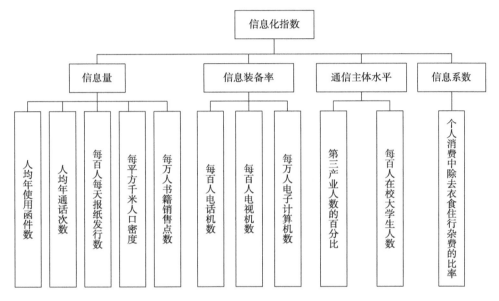

图 3-1　小松崎清介的信息化指数模型

资料来源：陈禹，谢康. 知识经济的测度理论与方法. 北京：中国人民大学出版社，1998

信息化指数的综合评价方法有以下两种：

（1）采用一步算术平均法。前提假定：各具体要素（11 个要素）对最终信息化指数的贡献等价。方法：先将基年各项指标的数值定为 100，然后利用测度年度的指标分别除以基年值，求得测度年的各项指标值的指数，最后将各项指标值指数进行算术平均得到最终的信息化指数。

（2）采用二步算术平均法。前提假定：四组要素对最终信息化指数的贡献等价，但各具体要素对最终信息化指数的贡献不等价。方法：首先分别计算出四组组内要素的平均值，再对各组的指数平均值求算术平均值，获得最终的信息化指数。

2. 应用分析案例

小松崎清介的信息化指数方法提供了一条测度信息化的便捷路径，问世以来在各类研究中被广泛使用。尽管小松崎清介的方法存在指标设置陈旧、计算偏差较大的问题，但是其简单易用的特性让人们在做经济研究、经济分析时找到了侧面反映信息经济发展状况的"易得"指标。小松崎清介的信息化指数研究方法为许多学者提供了模型改进的研究思路，通过增减指标、改进计算方法等，形成了一系列的以测度社会信息化水平为目的的指标体系。据统计，仅在中国，应用信息化指数方法进行实际测度的案例就近 30 项。

通过梳理信息化指数应用案例，我们发现，这类应用研究有以下特征。

（1）研究对象在区域上不断细化。信息化指数方法最先用于国家层次的测度，随后才广泛应用于各地区的测度。从测算案例的数量上来看，地区测算的案例要远远多于国家层次的案例。从测算适用性来看，信息化指数方法所选用的指标大多为具有宏观性质的指标，对于企业来说这些指标往往不适用，因此具体企业的信息化测算则较少使用信息化指数方法（仅 1 例）。

（2）信息化指数测算高峰期为 20 世纪 90 年代末。1996 年以前，测算案例仅有 7 例，1997~1999 年三年间的测算案例就多达 12 项。

（3）从方法的"纯粹应用"到"方法改进+应用"。初期的测算工作，在方法上多采用"拿来主义"，只是将信息化指数方法应用于所研究地区（国家）。20 世纪 90 年代末期，理论界对信息化指数方法的研究和讨论的成果开始丰富，在进行实际测算时，许多测度者也开始根据测算地区的实际情况在指标设置上进行修正，有的测度者还采用改进了信息化指数的计算方法，如使用德尔菲法对指标进行加权处理等。

3. 方法评价

小松崎清介提出的信息化指数测度方法具有计算方便、数据易得、结论直观、实用性强等特点，在进行社会信息化程度的纵向趋势和横向比较时具有很大优势，在引入中国以后，迅速受到信息经济研究者的关注和青睐，成为分析中国社会信息化进程的有力工具。但此方法也存在种种缺陷，信息化指数设置的年代是 20 世纪 60 年代，而且指数构建的方法逻辑不具有发展性，因此在信息经济飞速发展的几十年里，信息化指数的指标设置是被广泛诟病的；在计算方法上，信息化指数采用算数平均法，算数平均法的基本前提是各指标（后者某类指标的各个细项指标）的权数是相同的，这显然与现实的经济状况不符；另外，信息化指数是相对指标，其指标数值是与某一基准点对比所得到的相对数，不具有绝对意义，难以进行横向的比较。[①]

---

① 虽然也有学者（如邢志强，1998）以 1965 年日本的相关指标为基数，计算过中国的信息化指数，但是由于国情、时间的巨大差异，这种横向对比的说服力较差。

3.2.2　指标体系方法的改进研究

自 1965 年日本学者小松崎清介提出"信息化指数"方法以来，国内外专家学者和研究机构对该方法进行了深入研究，从不同角度改进了信息化指数测度方案，进一步完善了小松崎清介的信息化指数方法，本质上这些方案只能算是统计指标体系方法的延续，不属于方法属性的突破。

1. 国际上对信息化指数方法的改进与发展

20 世纪 90 年代，尤其是 90 年代末，是信息经济测度的指标体系方法的主要研究时间段，时代背景是美国在 20 世纪 90 年代后期出现了"新经济"现象，"新经济"极大地刺激了各国、各机构发展研究信息经济（或称为新经济、知识经济等）的热情。

以测度范围标准划分，分为对国家层面测度的指标体系［如澳大利亚"以知识为基础的经济活动指标"、新加坡"新经济指数"、IUP（information utilization potential，信息利用潜力指数）模型等］，对某一区域测度的指标体系［如 APEC（Asia-Pacific Economic Cooperation，亚洲太平洋经济合作组织）的"知识经济状态指数"、IDC（Internet Data Center，互联网数据中心）的"社会信息指数"、国际电信联盟的"七国会议法"等］，对国内各地区测度的指标体系（如美国的"国家新经济能力指数"等）。以测度倾向性划分，分为偏向经济层面影响的指标体系（如国际电信联盟的"七国会议法"等），同时注重社会层面和经济层面的指标体系（如新加坡"新经济指数"、APEC 的"知识经济状态指数"、IDC 的"社会信息指数"等），偏向新经济和传统经济模式差异测度的指标体系（如 OECD 的"知识经济测度框架"、澳大利亚"以知识为基础的经济活动指标"等）。

2. 国内信息化指数的改进研究

自 20 世纪 90 年代以来，国内学者对信息化指数方法的应用和研究进行了大量探索，取得了很多成果。在模型探索上，大多是对日本信息化指数模型进行变形，在原模型的基础上去掉一些过时的指标，加入一些代表现代信息化水平的指标；在计算方法上，也进行了相应的改进，如增加能够反映各指标贡献大小的权重，增加测度结果的准确度等。

由此看来，我国学者在建立自己的指标体系测度信息化水平时，并没有进行信息化指数测度方法的创新，仅根据国情和数据的可得性等因素对日本信息化方法进行了某些改进，这种情况产生的原因有：

（1）日本信息化指数方法具有极强的可操作性。我国正处在发展过程中，统计制度不健全、数据获取难度大、统计研究方法落后等因素使得测度工作的研究受到阻碍。日本信息化指数方法仅仅由 11 个非常容易获得的指标组成，测度方法也相对简单，解决了我国测度工作研究中的实际难题，因此，日本信息化指数方法最先引起我国信息经济研究者的注意。

（2）日本信息化指数方法测度思路清晰。尽管日本信息化指数方法的指标设置是陈旧的，但它的开创性是不可否认的，它提供了一种从间接角度测度社会信息化的方法，成为现代信息经济间接测度的基础。

3. 我国官方研究机构的指标体系研究

在官方机构研究中，重要的研究成果有国家统计局"中国信息化测度与评价的指标体系"、原信息产业部"国家信息化指标构成方案"、原邮电部经济技术发展研究中心"中国信息化评价指标体系"等。

1）国家统计局"中国信息化测度与评价的指标体系"

国家统计局国际统计信息中心利用信息资源开发利用、信息网络建设、信息技术应用、信息产业发展、信息化人才、信息化政策等六个要素 25 个指标构成一套评估信息化的指标体系展开研究，并于 2000 年完成研究课题——"中国各地区信息化水平测算与比较研究"。

在选择综合评价方法上，国家统计局采用综合评分分析法计算最终指数，其基本测算模型为

$$II = \sum_{i=1}^{n} P_i W_i$$

其中，P_i 为第 i 个评价指标无量纲化处理后的值；W_i 为 P_i 的权重；II（informatization index）为信息化水平总指数值。

2）原信息产业部"国家信息化指标构成方案"

信息产业部于 2001 年开始，历时 3 年，深入研究了信息产业部、国家统计局、国家经济贸易委员会的有关专项课题，最终制定出由 20 项指标组成的"国家信息化指标构成方案"。

作为全国统一的信息化指标体系——"国家信息化指标构成方案"，从酝酿到出台历时 8 年，该方案的出台为各地区之间及中国和其他国家之间按统一的口径进行测度和比较提供了可能。

3）原邮电部经济技术发展研究中心"中国信息化评价指标体系"

1998 年，邮电部经济技术发展研究中心进行了软科学项目"我国信息化评价指标体系"的研究，建立了两套信息化指标评价体系，一套适用于中国国内各地区的信息化水平测算，另一套适用于国际比较（主要是中国和美国的比较），两套指标体系都由 40 个指标，共计五个大类构成：信息资源水平、信息装备水平、信

息技术普及及发展水平、信息主体水平和信息社会支撑水平。

3.2.3　对指标体系方法的反思

信息化指数方面的研究，从方法上讲，属于统计指标体系的方法。与马克卢普、波拉特的方法相比，信息化指数方法的使用范围更加广泛，尤其是在中国，信息化指数方法的使用案例非常多。信息化指数方法之所以如此受欢迎，在于这是反映信息经济发展状况的新视角，与传统官方的统计（在 SNA 框架下的统计体系）不同，信息化指数方法的研究思路更加灵活，研究者可以根据自己的研究对象、研究特点甚至是可得数据对指标体系进行相应的调整，这对于在经济研究时"无米下锅"的中国研究者来说，无疑是一条便捷的路径。另外，20 世纪 90 年代的中国面对美国"新经济"的发展冲动是强烈的，不仅是国家层面，各省区市同样有强烈的发展需求，这种客观上的研究需求，推动了大量学者采用"见效快"的研究方式开展研究，而信息化指数方法正好满足了这种需要。

虽然，在数据的完整性、数据的严谨性等方面，信息化指数方法并不是一种很好地解决信息经济测度的途径，但却突破了信息经济原有的测度方法，小松崎清介立足于"信息化"，开创了以信息化指数为代表的指标体系法来测度信息经济，这一点与马克卢普、波拉特模式是截然不同的。

小松崎清介开创的指标体系法是对信息经济测度研究方案的有益尝试，这种影响表现在：

（1）提供了信息经济测度的另一种方案。小松崎清介提出的信息化指数法，完全区别于马克卢普-波拉特模式，创新了原有的信息经济测度方法，打破了此前对信息经济测度的单一方式，为信息经济测度提供了可参考的第二方案。

（2）提供了核算方法之外的研究思路。虽然目前指标体系方法存在一定的缺陷，但却不同于马克卢普-波拉特模式的核算方法[1]。从核算角度看，指标体系法又是核算方法的创新成果，充实了现有信息经济的核算方法。

（3）基于小松崎清介提出的信息化指数法进行的关于"信息化"的大量研究，都从不同角度提供了可操作的实证方案。基本上每一个较为完整的研究，都提供了信息化水平的实际测度结果，这对于比较信息水平的进程显然更具有可操作性。且不论这些实证研究的结果是否能站得住脚，单就数据资料的比较而言，就具备了马克卢普-波拉特模式研究目前尚不能达到的成就。

---

① 对于马克卢普-波拉特方法中的核算特点，我们在后文中会明确指出。

3.3　信息经济测度的路径选择

3.3.1　经济模式还是产业经济？

作为一种发展迅速且变化不断的经济现象，信息经济中关于 ICT 产业的测度有着诸多的分歧，因此以何种角度测度信息经济值得探讨。

杨仲山和屈超（2009）认为："考虑到未来的经济预期，网络可能会全方位彻底改变我们生活的经济社会，而这种影响远远不可能仅局限于一个产业的影响。互联网作为一种影响未来经济的力量，信息经济实质是一种经济模式，而这种经济模式应是区别于传统工业社会的经济模式的。"当前，已有一些"经济模式"的影子在信息经济中显现出来，如信息化与工业生产、企业经营、电子商务、移动通信等产业的融合。可以肯定地说，信息经济目前已经存在于世界的方方面面。因此在能预见未来，信息经济会彻底渗透并改变我们的生产生活，也将会被列为一种同工业经济和农业经济并列的经济模式。结合信息经济对人们生产、分配等各个领域的渗透趋势，改变现有的 SNA，改变统计口径、基本概念与定义、数据采集的手段及核算的重心等以准确测度信息经济就成了重中之重。但是正如本书第一章所说，从目前来看，从经济模式角度科学准确地测度信息经济的发展状况是不可能的，原因在于：①实际操作不可行，在技术层面上全面颠覆 SNA 体系目前而言做不到。②如今时机未成熟，当下信息经济也在发展中，我们对其理解并不全面，因而做出的判断从长远看未必正确。因此，更为稳妥的做法是，在 SNA 基本原则和框架下，对新现象进行测度。也就是说，将信息经济暂时理解成一种产业经济。虽然这种理解可能与信息经济的发展趋势存在一定程度的不符，但至少在目前（甚至直到未来的数十年），都能比较好地对信息经济进行描述。

3.3.2　核算方法与指标体系方法的结合：卫星账户

从现行的信息经济测度方法来看，无论是马克卢普-波拉特的研究思路还是信息化水平测度研究思路，都存在着这样或那样的缺陷。信息产业发展不只受经济因素的影响，信息基础、信息环境、信息化状况等非经济因素的影响也是不能忽略的。卫星账户作为核算方法与指标体系方法结合的产物，能综合考虑经济因素与非经济因素对信息产业的影响。从核算方法上看，卫星账户是 SNA 严谨性和灵活性的折中产物。信息产业卫星账户围绕 SNA 中心框架，它将核算框架置于 SNA

的中心核算框架内，根据信息产业自身特点对 SNA 的核算原则、方法进行局部的修正，在坚持 SNA 规范、严谨特点的同时，扩展了 SNA 的分析功能，大大降低了制定核算框架的工作量。从测定方法来看，卫星账户吸纳了信息化水平测度研究中的有益成果——指标体系法，能够准确、全面、及时反映信息产业发展状况。

第4章 中国 ICT 卫星账户的建立

4.1 信息产业核算规则分析

4.1.1 ICT 产业生产的特点

ICT 产生的背景是行业间的融合及对信息通信服务的强烈诉求。ICT 是融合信息、通信技术与应用服务的综合业务，是满足客户信息服务的系统工程。

所谓 ICT 产业，就是研究、开发和利用信息通信技术，提供信息通信设备生产及服务的综合性产业。它包括 ICT 制造业和 ICT 服务业两大类，其中 ICT 制造业侧重于电子信息制造业，而 ICT 服务业主要涉及以软件业为主的信息技术服务业、以电信业为主的信息传输服务业两方面。ICT 产业提供的产品和服务所产生的影响渗透于社会和经济的方方面面，连接着整个社会运行的全过程。

SNA2008 将产业部门定义为："从事同一种生产活动的基层单位集合。从理论上来讲，产业部门应由具有同质生产单位的基层单位所组成。"SNA2008 关于产业部门的定义有至少两方面需要重点关注，其一，产业部门以同质性原则为基础，同一产业部门一定是从事同一种或主要从事同一种生产活动的基层单位；其二，产业部门是基层单位的集合。外国学者 Smith（2004）也曾提出相似的理论，他认为被称为"产业"的一组企业群，有三个必须满足的标准：生产的产品具有同质性；生产所使用的技术在本质上是相同的；企业的数量及产出的货币在价值上要达到可以被称为一个部门的数量。然而不同于这个定义，ICT 产业的如下特点使其不具备同质性，因此不能直接按照产业分类的要求来划分。

1. 非同质的信息生产

信息不同于普通产品，它的价值取决于内容和形式两个方面。目前，习惯将信息的生产归属于各行业生产的一部分；从信息的多样性也可以看出，信息的内容上不可能具备同质性。例如，信息可以是书本中的知识、工厂生产研发所需的资料、农业生产所需的技术、互联网传播的消息等。在这些情况下，信息可以分属于不同的产业，不仅可以属于第一产业，或可以存在于第二产业的制造业，还可以在第三产业中的教育、文化和互联网中。显然信息的内容是不符合同质性要求的，即信息内容的生产是不同质的。从形式上来看，信息可以体现在印刷有文字的纸张上、刻录有影像的光盘上等，在这些情况下，信息又可以归属于相关的实物生产的行业中。这同样佐证了信息的生产是非同质的。

2. 非同质的信息载体和设备

信息的载体和设备也同样存在非同质，典型的载体和设备有纸张、光盘、通信设备、广播设备等。同质性要求将所有载体和设备都包含在信息产业中，目前这些载体和设备只有一部分被划分为信息产业，这显然不符合同质性要求。

3. 信息服务的非同质性

信息服务的种类包括教育服务、为生产活动提供的信息服务、广播电视服务、金融信息服务等，在社会生产中广泛存在。然而一些传统的信息服务与信息的载体和设备一样，在进行信息产业划分时被忽略在信息产业之外了。

显然，以现有的 SNA2008 对产业部门进行划分，所谓的信息产业在严格的产业部门的定义下是不存在的，至少目前在 SNA2008 框架下是不能称为产业的。这是由于信息产业所特有的非同质性，信息产业更像若干产业（行或业）或其某部分中同类的信息活动的"集合"。

4.1.2　生产范围的变化

按照 SNA2008 对生产的定义，生产可以被描述为企业利用投入生产产出的活动（SNA2008，Paragraph 6.10）。SNA2008 认为生产的范围包括：

（1）所有提供给或打算提供给其生产者以外的货物和服务生产，包括在生产这些货物和服务过程中消耗的货物和服务的生产。

（2）生产者用于自身的最终消费或形成自身资本所留存的所有货物的自给性生产。

（3）生产者为了自身的最终消费或资本形成总额所保留的知识产品（knowledge-capturing products）的生产（住户自给性知识产品的生产除外）。

（4）自有住房者住房服务的自给性生产和雇佣付酬家务人员生产的家庭和个人服务。

按照 SNA2008 对生产范围的界定，我们再次对信息产业的生产范围进行讨论。

（1）有形信息产品的生产在信息产业生产范围内。

（2）进入市场交易的无形信息服务在信息产业生产范围内。

（3）住户为自身消费进行的无形信息服务的生产不在信息产业生产范围内。

（4）住户打算提供给其他部门使用的无形信息服务在信息产业生产范围内（无偿提供的无形信息服务除外）。

以上（1）（2）（3）条对于生产范围的确定都与 SNA2008 所界定的生产范围相一致，（4）条与目前 SNA2008 框架下的生产范围有一定的差异。如果以目前 SNA2008 对于生产范围的界定，只要是提供给除生产者以外的货物或服务的生产都属于生产的范围内。而本书确定的生产范围则把住户部门无偿提供给他人的无形信息服务排除在外，这样做的理由是：

（1）无形信息服务与传统的服务有着本质上的不同，是一种特殊的商品。与传统的服务不同，它的消费与生产不是同时发生，而是需要一定的载体（如光盘、网络服务器等）来储存，服务与生产的过程相分离，使用者可以不止一次重复消费信息服务。同时如果将住户部门提供的无偿信息服务也纳入生产的范围，那么这些服务将以虚拟交易被记录，无论这些服务被用于最终消费还是中间消耗，这些服务被多次使用被多次记录，信息服务的产出有可能会被严重高估。

（2）难以对住户部门无偿提供的信息服务进行估价。按照 SNA 的规定，估价以市场价格为基本基准，在某项服务没有进行市场交易时，估价则按照实际发生的费用或依据同质货物和服务的市场价格。SNA 在对普通商品进行估价时是适用的，但用相同的原则对于住户部门无偿提供的信息服务进行估价就难以操作了。其一，住户很难对提供信息服务的成本进行计量，SNA 以生产期间发生的成本之和进行估价来替代住户提供信息服务的成本。而住户部门提供的信息服务大部分都是利用闲暇时间，以自身所具有的无形的技术和知识来进行无偿信息服务，所以很难确定其生产成本。其二，虽然信息服务在市场上有极大的流通交易量，但信息服务的种类、特征、功能存在很大的差异，很难在市场上找到同质的信息服务，也就很难找到可以用于估价的同质商品的市场价格。其三，住户部门提供的很多无偿信息服务的交易费用几乎为 0（例如，通过网络免费获取个人编制的文件、音频、视频等）。

（3）住户部门无偿提供信息服务的数量难以确定。不同的住户部门可以通过虚拟网络独立进行信息服务的生产，所生产的信息服务的形式也各不相同（文字、音频、视频、程序等），所生产的成果数量也难以计量。在过去的研究中，加州大学伯克利分校的 Lyman 和 Varian（2003）曾经测算过整个世界生产的信息量，我国学者谢康和肖静华（1997）也曾经提出过测度信息资源的指标——信息丰裕度，但这些尝试都存在许多问题，如没有区分信息的类型、对不同量纲的数据进行直接相加等。可见对于信息服务数量的计量始终是一个难以攻克的问题。

综上所述，本书认为，在进行信息产业核算时，不应包含住户部门无偿提供的信息服务。对于这些服务可以用一些非价值指标来间接反映。

4.1.3　记账方法与记录时间

SNA2008 对交易的记录采取复式记账法，每笔交易必须进行两次记录，一次记录资源（或负债）的变化，另一次记录使用（或资产）的变化。两次记录的交易总额必须相等。信息产业核算中复式记账仍具有显著优势，便于检查账户的一致性。因此，信息产业卫星账户在对交易进行记录时仍然采用复式记账法。

对于记录时间，SNA2008 认为应该采取权责发生制原则，SNA2008 认为记录时间应该采用权责发生制为记录原则，即，"机构单位之间的交易必须是在债权和债务发生、转换或者取消时记录"（SNA2008，2.95）。杨仲山（2002）指出，SNA 推荐使用权责发生制的原因在于：①权责发生制的记录时间与 SNA 界定的经济活动和其他流量的方式一致；②权责发生制可应用于非货币流量。也就是说，SNA 之所以推荐在对交易进行记录时使用权责发生制，是因为其相较于其他方法能更确切地反映经济交易发生的时间。然而，随着信息经济环境的变化，很多时候使用权责发生制所记录的时间与经济交易发生的时间存在差异。

在信息经济出现以前，交易者在交易前要做大量准备工作，如大范围采集、分析客户数据，利用费用高昂的中介组织，因此会产生很高的交易成本。而在信息经济迅猛发展的现在，尤其是网络平台的作用下，信息的传递变得更为便捷、迅速（如商品的价格、品质等信息），交易不再受时间、空间的限制，减少了由于距离空间产生的成本。电子货币、网上银行、网络支付工具等让交易的过程更加容易（可以预见，在交易中中介组织的作用将逐步弱化）。在信息产业交易成本逐渐减少的同时，"权责发生制"在部分交易中不再适用。那么该采用什么样的交易记录方法就是我们接下来要讨论的重点问题。

1. 网络交易应采用现金收付制

基于网络平台的交易，交易双方在进行交易之前完全陌生，通过虚拟网络平台进行交易，在交易过程中不需要见面。交易达成就不应该以交易发生为界限，而应该以货币是否收付为标志。图 4-1 是 B2C（business to customer，企业对消费者）交易的流程图。

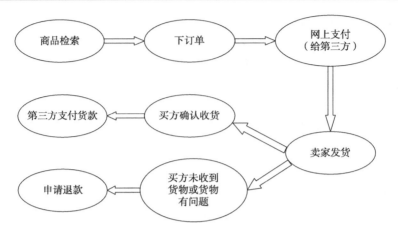

图 4-1　B2C 交易流程图（以淘宝网为例）

图 4-1 是淘宝网网上交易的流程，我们选用淘宝网是因为它可以作为 B2C 网站交易流程的代表。我们可以通过淘宝网交易的流程看到，与传统的交易不同，如果买方没有进行网上支付，即使买方拍下商品，也不能视为交易发生。只有当买方收到商品，卖方收到货款才算交易完成。

在网络交易中，权责发生制变得不再适用。网络交易中的下订单不再是交易达成的标志。在没有进行网上支付前买家随时可能取消交易，那么订单就不再具有约束力。甚至在买家进行网络支付后，也同样可以选择取消订单。那么买家完成网上支付也不是交易的终点，只有当卖家收到货款，才算交易完成。

通常来讲，交易时间记录的原则一般分为两种，一种是权责发生制，一种是现金收付制。对于传统的交易来说，权责发生制以其在 SNA 核算中的明显优势逐渐成为记录交易时间的"世界性标准"[1]，因此，目前为止的大部分交易记录会优先选择权责发生制原则。然而经过上文的分析，可以明显看出，在网络交易迅速发展的今天，权责发生制已经不再适用记录网络交易。而且随着网络交易规模的不断扩大，继续坚持权责发生制会产生较大的误差。

由此可以看出，以现金收付制记录交易时间可能更适合现在的网络交易。

2. 内部交易等非货币流量交易仍然采用权责发生制

虽然依上文可见现金收付制可能更加适合网络交易，但在整个交易过程中不能一概而论。当交易不发生货币流量变化时，现金收付制将不再适用。企业内部交易、非市场性交易等都无法使用现金收付制来确定记录时间。也就是说，在发

---

① 例如，国际货币基金组织推出的《政府财政统计手册》曾经采用现金收付制作为交易记录的时间，但是为了与 SNA1993 保持一致，《2001 年政府财政统计手册》将交易记录时间修改为权责发生制。

生非货币流量交易时现金收付制并不适用，这时我们应该灵活运用权责发生制来进行记录。

综上所述，对于信息产业交易时间的核算原则我们应该灵活运用两种记录方法。当两种方法都适用时，优先选择权责发生制；当权责发生制不适用时，使用现金收付制。也就是采用两种方法组合的原则。

4.1.4　核算单位

在对信息经济核算中，我们认同 SNA 对产业部门的定义，即产业部门由一组从事相同或相似活动的基层单位组成。

我们所说的信息产业，同样是生产同一种或主要生产同一种信息产品的基层单位的集合。在本书中，将信息产业分为两个层次：信息核心产业和信息外延产业。其中信息产品的主要生产者是信息核心产业，在核算中应该着重于信息的生产；信息外延产业是信息产品的主要消费者，信息产品和信息技术是扩展层生产的必要生产要素，对于信息外延产业，核算的重心在于信息的使用。

4.1.5　估价原则与方法

1. 估价原则

与 SNA 相同，信息产业的核算也采用了复式记账法，这就需要将每一笔交易在有关的两个账户中以相同的价值记录。这就需要对信息产品的价格做出统一性的规定。

信息产业同样采用复式记账法进行核算，也就是要将每次交易以相同的价值分别记录在交易所涉及的两个账户中。因此需要统一规定信息产品的价格。

对信息产品估价的基本标准是市场价格，这与 SNA 的估价原则一致。具体的估价原则如下：

（1）当交易通过货币支付时，则按照双方协商认定的成交价格进行估价。

（2）当没有市场交易时，则以交易期间发生的费用或依据同类货物和服务的市场价格进行估价。

（3）当发生内部交易时，应按照交易发生时的当期价格进行估价，而不能采用原始价格进行估价。

以上三条估价原则与 SNA 中的规定基本一致，同时我们应该注意信息产品自身的特点，在信息产业交易市场上某些产品（主要是服务）的微小差异可能会产生较大的价格差异（例如，某些手机软件或电脑软件，购买者可能会因为生产商的品牌或某些细小差异使得价格有较大差距），这种情况使得没有进行市场交易的产品难以进行估价。所以，解决这种问题的方法是：在产品没有进行市场交易时，如果交易的是货物，要以市场上交易的同质货物的市场价格或者发生时产生的费用进行估价；如果交易的是服务，则按照发生过程所产生的费用进行估价（例如，内部交易的信息服务可以用生产投入的费用代替价格）。

我们使用这样的方法在核算过程中提高了估价的可操作性，降低了难度。但同样必须注意到，这种替代的处理方法借鉴的是政府部门非市场服务产出的计算方法，正如蒋萍（2001）分析的那样：这种处理方法改变了产出的性质，将剩余产品价值假定为零，将劳动生产率锁定为零。因此，用这种方法进行估价极有可能在很大程度上低估产品价格。

2. 价格的选择

SNA 关于生产核算提供了三种价格，即基本价格、生产者价格和购买者价格。SNA 进行生产核算时，可采用基本价格、生产者价格和购买者价格三种价格进行核算。

生产者价格是生产者生产单位货物或服务所得到的价格，包括要素价格和单位产出的生产税净额。

购买者价格是购买者购买单位货物或服务最终支付的价格。与生产者价格相比，它包括从生产者到购买者之间所发生的商业流通费用和运输费用。

基本价格是生产者生产货物或服务应得到的价格，减去该货物或服务的生产或销售所应支付的产品税，加上该货物或服务的生产或销售所应得到的产品补贴，且不包括生产者在发票上单列的货物运输费用。

这三种价格之间的关系为

生产者价格 = 基本价格 + 产品税 − 产品补贴

　　　= 生产者生产单位货物或服务向购买者出售时获得的价值

　　　　− 开给购买者发票上的增值税或类似可抵扣税

　　　　− 货物离开生产单位后发生的运输费用和商业费用

购买者价格 = 生产者价格 + 购买者支付的运输和商业费用

　　　　+ 购买者交纳的不可抵扣增值税和其他不可抵扣税

在对信息产业进行核算时，总产出的核算上我们选择基本价格，选择基本价格的原因是基本价格不包括产品税和补贴，以基本价格计算的总产出更具可比性。

4.2　ICT 卫星账户建设的国际经验

4.2.1　澳大利亚 ICT 卫星账户

澳大利亚作为第一个建立 ICT 卫星账户的国家，也是目前 ICT 卫星账户在体系上较为完善的国家。澳大利亚 ICT 卫星账户在建立上主要是以已存在的国际统计标准为基础概念和方法，并结合国际研讨会上的一些精华部分，其中主要是 OECD 工作组在信息社会的指标方面的研究及 OECD 特别小组在国民经济核算软件测量方面的经验。

虽然 ICT 卫星账户的概念和基本方案还没有被正式提出，但是学界对于 ICT 统计的研究已经初具规模。对于信息经济测量的研究自 20 世纪 60 年代被提出就引起了学界的广泛关注，1962 年马克卢普的《美国的知识生产与分配》、1977 年波拉特的《信息经济》、1990 年美国成立的国际信息基础项目；1998 年北欧国家发布的第一个 ICT 可比性结果；1998 年 OECD 成立的 WPIIS（Working Party on Indicators for the Information Society，信息社会指标工作组）及出版的系列性报告——《信息社会测度指南》等。随着网络的迅猛发展，"新经济现象"电信服务供应商私有化、网络繁荣等现象，使得经济学家和政策顾问对于新兴的 ICT 在整个经济体中的作用产生强烈的好奇，社会大众也对 ICT 产业的发展产生兴趣，对于 ICT 产品的经济数据（如 ICT 产品和服务的交易量、进出口情况）更加期待。

20 世纪 90 年代澳大利亚的 ICT 产业发展进入鼎盛时期，1998 年澳大利亚 ICT 产业总收入已经达到 457 亿澳元，占澳大利亚 GDP（gross domestic product，国内生产总值）的 7.5%，1999 年 ICT 总收入增长到了 508 亿澳元，ICT 产业在澳大利亚的经济组成中已经占据了重要地位。与此同时澳大利亚政府开始实施新的战略计划来应对 ICT 产业的迅猛发展，1999 年 1 月澳大利亚政府发布了"信息经济战略框架"，提出建立一流的信息设施、信息工业、政府机构服务网络化模式，促进信息产业发展等 10 项信息化战略。

澳大利亚对于信息产业核算部分有着超前的意识，在编制卫星账户之前，澳大利亚的 SNA 中就有体现出 ICT 产业的价值。虽然受限于传统的 SNA 并没有单独将 ICT 产业分列出来，不能体现在企业、住户、政府部门的使用情况中，但在对于国内生产总值、行业总增加值、家庭最终消费支出等方面进行核算时都有体现出 ICT 产业的价值。因此，2003 年澳大利亚以 1998~1999 年的数据进行了 ICT

卫星账户的试验，直至 2006 年第一次公开出版了利用 2002~2003 年澳大利亚 ICT 数据建立的 ICT 卫星账户。近年来，国际对于 ICT 卫星账户的重视逐步提升，许多国家及国际组织都开始加深对于 ICT 卫星账户的研究。

澳大利亚统计局建立的 ICT 卫星账户是利用国民经济核算的中心框架来核算澳大利亚国民经济中 ICT 产品交易的价值。与国民经济核算相关联的方法大大提高了数据分析的有效性，这主要是因为在中心框架的约束下，数据的可比性、一致性得到了保证，而且也会得到类似于 GDP 之类的关键性经济总量指标，能够满足人们的分析需求和理解习惯。

澳大利亚于 2003 年和 2006 年先后两次发布了信息与通信技术卫星账户（Australian National Accounts：Information and Communication Technology Satellite Account），在 2003 年的报告中指出 WPIIS 在国民经济核算软件度量指标上对澳大利亚的统计工作做出了杰出的贡献。这次报告首次将 ICT 卫星账户及信息通信技术对本国经济做出的贡献做了直观体现，着重展现了国内生产总值、进出口等宏观经济变量，并解释了信息和通信技术对这些宏观经济变量所做的贡献。

为保证卫星账户数据的详尽性，澳大利亚统计局开展的 ICT 专项调查包括：信息与通信技术产业调查；商业 ICT 使用调查；住户 ICT 使用调查；政府 ICT 使用调查；等等。其中信息与通信技术产业调查和政府 ICT 使用调查的调查结果是澳大利亚 ICT 卫星账户的主要数据来源。

澳大利亚 ICT 卫星账户建立的步骤：

（1）建立 ICT 产品分类和行业分类（识别 ICT 产品）。

（2）扩大供给使用表，以包括与 ICT 紧密相关行业的更多详细信息。

（3）使用已经建立好的 ICT 产品和行业分类，根据行业编制固定资本形成总值表。

澳大利亚统计局 ICT 卫星账户核算的主要总量指标包括：

（1）ICT 产业产出的货物和服务用于出售或其他使用的货物和服务的价值与存货变化的总量，并以基本价格计量。澳大利亚统计局认为 ICT 产品的生产是可以发生在任何行业中的。因此，澳大利亚 ICT 卫星账户的核算范围包含了传统行业的 ICT 生产。

（2）ICT 增加值与 ICT 部门 GDP。ICT 增加值的计算方法是 ICT 服务和货物总产出减去中间消耗，ICT 增加值也以基本价格计价。ICT 部门 GDP 相当于以购买者价格计量的增加值，GDP 中包含了税收（补贴）。

（3）ICT 投资额。ICT 投资额指与 ICT 产品相关的固定资本投资加上存货变化。

澳大利亚 ICT 卫星账户形成了 17 张表格，分别是 ICT 在 GDP 中所占的份额、分行业的 ICT 总增加值的收入构成、被挑选出的 ICT 技术的商业使用、分行业的

ICT 产品国内产出、生产行业的 ICT 产品国内产出、被挑选出的生产行业的 ICT 产品国内产出、分产品类型的 ICT 产品进出口、ICT 产品的供给和使用、分行业的在计算机硬件和软件的投资、分行业的 ICT 产品投资、ICT 产品的居民最终消费支出、分行业的被挑选出的 ICT 产品的中间消耗、分部门的 ICT 产品投资、计算机硬件和软件的相关资产测量、家庭计算机数量、分 ICT 研究领域的研究和发展支出、分行业的计算机专家和技术人员的就业人数。

澳大利亚 ICT 卫星账户的基本分析方法是投入产出法，通过建立 ICT 产品供给表和使用表来核算其产出和增加值等一系列总量指标，ICT 产品供给表和使用表的基本表式见表 4-1 和表 4-2。

表 4-1 ICT 产品供给表

产品	以基本价计算的总产出（1）			进口（2）	以基本价格计价的总供给（3）	商业和运输费用（4）	生产税净额（5）	购买者价格总供给
	产业 A	产业 B	产业…					
ICT 产品 A								
ICT 产品 B								
ICT 产品 C								
ICT 产品…								
非 ICT 产品								
供给合计								

表 4-2 ICT 产品使用表

产品	中间消费（按产业）			中间消费合计	最终消费支出	资本形成总额	出口	购买者价格总使用
	产业 A	产业 B	产业…					
ICT 产品 A								
ICT 产品 B								
ICT 产品 C								
ICT 产品…								
非 ICT 产品								
使用合计（购买者价格）								
劳动者报酬								
营业盈余								

续表

产品	中间消费（按产业）			中间消费合计	最终消费支出	资本形成总额	出口	购买者价格总使用
	产业 A	产业 B	产业…					
生产税净额								
总产出（基本价）								

资料来源：Australian Bureau of Statistics. 2006Australian National Accounts：Information and Communication Technology Satellite Account. http://www.abs.gov.au/ausstats/abs@.nsf/productsbytitle/52F69D385978038DCA25712900 08557E?OpenDocument，2002-03

4.2.2　智利 ICT 卫星账户

　　智利是紧随澳大利亚之后第二个建立 ICT 卫星账户的国家，其建立的卫星账户与澳大利亚一样以 OECD 为基础准则，同时它也借鉴了澳大利亚在建立 ICT 卫星账户过程中的经验。

　　智利在构建 ICT 卫星账户时，考虑在国际上的可比性，采用了 OECD 关于 ICT 产品和服务的定义：典型的 ICT 产品应该可以完成信息处理和沟通的功能，或者能够利用电子工具探知、测量和/或收集物理现象或控制一个物理过程；ICT 产品和服务具有与传统商品不同的特点，是可以以网络为媒介来对信息进行处理和沟通。最终智利将 ICT 产品和服务分为电信设备、电脑和相关设备、电子元件、音频和视频设备、其他 ICT 产品（会计设备、测量和导航设备、医疗设备等）、电信服务和项目分布服务（电视电缆、卫星和无线）、在线服务（网络）、ICT 商业服务、专业的 ICT 评估服务、ICT 技术支持服务、软件、其他服务（提供网络管理、基础设施和接待服务、信息和文档转换服务、其他 IT 服务等）共 12 项。

　　智利的 ICT 卫星账户最终形成了 14 张表格：ICT 典型性产品、ICT 典型性活动、ICT 产品的家庭消费支出、ICT 产品的总需求、与典型性活动有关的 ICT 产品的产出、ICT 增加值、ICT 增加值的演变（1999~2004 年）、ICT 产品的总供给、非典型性 ICT 活动的产出、ICT 产品的中间消耗、ICT 产品的投资（每个产品类型）、出口组成、ICT 产品的供给和使用平衡。

4.2.3　南非 ICT 卫星账户

　　南非自 2011 年起历时 4 年构建了本国的 ICT 卫星账户，2013 年 3 月正式发布了 ICT 卫星账户的编制草案。2014 年 3 月正式发布了本国的 ICT 卫星账户。该国卫星账户是以 OECD 为指导准则建立的，结合本国情况，研究借鉴了澳大利亚

和智利的经验和方法，从中选取了合适的经验和方法。2011 年 4 月南非出版了
"The Status of the Information and Communication Technology Satellite Account for
South Africa"，该文件不仅对先前国际上尤其是澳大利亚和智利在建立卫星账户过
程中的经验和方法进行了总结和分析，还结合本国实际情况对本国在建立 ICT 卫
星账户中所面临的问题进行分析。文件还讨论了南非 ICT 行业和产品的分类、供
给使用表与 ICT 卫星账户的联系及 ICT 卫星账户中应该使用的方法等。

　　南非统计局（Statistics South Africa，Stats SA）承担了大部分南非 ICT 卫星账
户的研究工作。南非统计局于 2012 年 3 月发布了"南非 ICT 卫星账户发展状况"
（The Status of the Information and Communication Technology Satellite Account for
South Africa，Status），Status 中分析了 ICT 卫星账户在核算方面的优势：可以对
各产业中的信息产业部分进行重新分类，找出产业中属于 ICT 供给和 ICT 需求的
部分，重新确定产品为 ICT 专业产品、ICT 相关产品或非 ICT 产品不同种类；ICT
卫星账户在遵守 SNA 对货币供应量标准的前提下，将价值量与物量数据结合在一
起，使结果更易分析。

　　南非的卫星账户的建立借鉴了 OECD 对 ICT 产业和 ICT 产品分类标准[①]，南
非统计局在 Status 中也总结了世界上其他国家对 ICT 指标划分的方法和构建经验。
南非 ICT 卫星账户草案（Draft Information and Communication Technology Satellite
Account for South Africa 2005，简称 Draft）中介绍了南非 ICT 卫星账户的总体框
架及为完成 ICT 卫星账户的编制而做的一系列专项调查。南非 ICT 卫星账户的总
体框架是由 9 个表格组成的（图 4-2）。

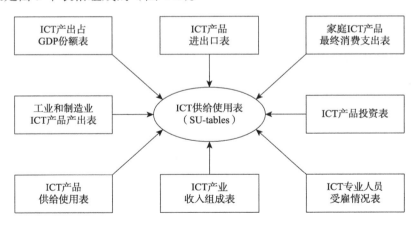

图 4-2　南非 ICT 卫星账户框架

----

① 南非 SU-tables 中的产品分类是基于联合国中心产品分类第二版（cpc ver.2.0）和标准产业分类第 5 版（SIC
ver 5）的，遵照了 cpc 确保了与 OECD 的 ICT 产品分类推荐的联系，有助于数据的国际比较分析。

　　ICT 供给使用表（SU-tables）是 ICT 卫星账户的基石，其他表格与 ICT 卫星账户中的 SU-tables 相互连接，形成了以 SU-tables 为核心，其他表格做辅助的综合系统，框架中 ICT 供给使用表是 SU-tables 的浓缩版本，该表格记录了经济运行中 ICT 产品流动情况的总和，不包含 SU-tables 中的细节分支，它的主要作用是分析 ICT 产品在经济运行中的流动情况。

　　南非 ICT 卫星账户中数据的来源主要有两个方面：一是来自南非统计局和南非 ICT 跨机构工作组的研究和调查；二是来自一些商业和家庭的 ICT 使用情况调查。自此在国民经济账户中有关 ICT 产业的数据就全部被估算出来了，然而 ICT 部门的生产、产出、GVA［gross value added，（国家经济的）增加值总额（代表国民生产总值）］和税费、ICT 部门在 GDP 中的比重、ICT 产品的进出口、住户的 ICT 产品使用及 ICT 产品的投资等这些数据将在 ICT 卫星账户中体现，这些增加值对政策制定者和国家投资者都相当重要。

　　南非关于 ICT 的含义与 OECD 保持了一致性：ICT 产品必须主要是为了使用电子手段能实现信息处理和交流，包括传递和演示的功能；ICT 行业的候选行业必须主要是为了通过电子手段能实现信息处理和交流，包括传递和演示的功能；ICT 行业中新分类的部分——"内容和媒体"必须是通过大众传播媒体告知、教育或娱乐人们，这些行业从事信息、文化、娱乐产品等内容的生产、出版或分配，"内容"对应于发表在大众媒体和相关媒体的用于人类的有组织性的信息，并且这些内容的价值不在于有形的价值，而在于信息的价值。

　　南非在 ICT 卫星账户中供给表和使用表用的基本分类是中心产品分类（CPC version 2）和所有经济活动的标准产业分类第 5 版（SIC version 5）。ICT 卫星账户的供给使用表是根据 ICT 相关行业和产品调整后的供给使用表，在 ICT 供给和使用表中，允许用额外的数据进行补充，这些额外的数据主要来自：南非的 ICT 卫星账户中使用的调查，包括大样本调查、年度财务调查、一般住户调查和收入支出调查。

4.3　ICT 产业卫星账户的架构

　　信息产业的独特之处是：其生产方式不是集中的而是分散开的，除了信息产业部门生产的信息产品，其他产业部门甚至是家庭和个人也能够生产信息产品；使用信息产品的方式多种多样，不同行业基本上都会使用信息产品。因而设立信息产业卫星账户在考察信息产业生产的同时，还要将其他部门对信息产品的消费考虑在内。

4.3.1　信息产业生产核算

各机构部门和住户部门都可以进行信息产品的生产,但根据生产范围的界定,信息产品的生产实际上大多在企业部门之中,住户部门的信息生产在企业的经营中有很多体现。例如,某个人致力于信息内容服务(如自媒体、网络写作等),将小说提供给网络书商,那么小说相当于网络书商的中间产品,通过网络书商的整理编排后成为该网络书商的产出;若该小说能够在网络上免费发行,那它就不在生产的范围之内。因此信息产品的生产被包含在信息产业中,而其他行业生产的信息产品数量相对少,根据产业发展规律和分工不断细化,其他产业信息生产量将会持续减少。所以信息产业生产核算的核算中心依然是企业部门(包括金融公司和非金融公司)及一般政府。

1. 信息产业总产出

信息产业的总产出是通过货币单位对信息产品(包括货物和服务)的总量进行计算,即在一定时期内一国或是地区常住单位在信息生产活动的总成果。在整个信息产出的核算体系中,信息产业总产出是一个不可或缺的指标,其本质原因在于:

(1)信息产业总产出计算过程简便,拥有较好的时效性。当前在统计各个部门的实践中,总产出的基础数据对基层统计单位相对来说十分容易获取。

(2)在商业实践中,总产出是一个常用、易理解的指标。在商业实践中,企业往往以总产出(销售额)作为企业规模的标准,在信用评价、商业贷款审批中往往是关键性的指标。

(3)生产法增加值计算的基础数据源自信息产业总产出。用生产法计算出的增加值就是用总产出减去中间投入。

(4)总产出是投入产出分析的基础资料。我们建立的信息产业卫星账户的基础方法就是投入产出法,总产出是必要的基础资料。

(5)信息产业总产出能体现信息产业的总规模、总水平。信息产业总产出不仅包含在生产过程中的增值部分,而且还有生产过程中消耗的其他部门的生产成果,因而总产出在某种程度上能够体现信息产业经济流量的总规模。

总产出的计算方法有两种:一是企业法,二是产品法。

目前,中国统计实践中长期采用企业法计算总产出[①],企业法的主要内容是按

---

① 农业、建筑业部门总产出的计算采用的是"产品法",即以具体产品为统计对象,凡是生产过程的预期有效成果,均计入该单位的总产出。

照一个企业做基本的统计单位,根据生产经营活动得出的最终成果来计算总产出,企业的内部之间不能重复计算中间投入,但是在不同企业之间是可以对中间投入进行重复计算的。产品法则是用产品来做基本统计单位,将某个统计单位生产的各种产品乘以价格最后再累加,从而得到总产出。

产品法和企业法的区别很大,最根本的区别在于企业法中存在着不同企业间的重复计算,而产品法又存在同一企业内部、企业之间的重复计算。例如,一家生产电子元件的大型企业单位,若采用产品法来计算,其公司内部消耗的电子元件就需要计入总产出,但若采用企业法,那么这一部分内部消耗则不计入总产出。

我国采用企业法计算总产出的原因是（杨灿,2006）:产品的类别多样、质量相差较大、产品的更新频率快、加工程度不同、生产周期不尽相同及受到 MPS（Materia Product Balance System,物质产品平衡表体系）传统核算思想的影响等,种种原因最后会影响产品法计算总产出,使其难度加大。虽然在统计实践中采用企业法可操作性强,但是它违背了 SNA 的基本统计原则,对产业的分析产生了不利的影响。

在 SNA 中,产业部门的界定是由从事相同或相似工作的基层单位构成的。企业法的基本统计单位是企业或法人单位,而企业是由多个基层单位共同构成的,若根据企业法计算总产出,确定信息产业的总产出为多少是十分艰难的。所以本书认定虽然中国现阶段还不具备产品法计算总产出的统计条件,但在不久的将来一定会推行产品法。

计算总产出须考虑产品的价格,在基本价格、生产者价格、购买者价格三者的选择上,我国是用生产者价格来计算总产出的。考虑到生产者价格不适合于统计信息产业总产出,其计价标准应该为基本价格。

基本价格与生产者价格两者的差别在于,基本价格不包含产品税和补贴,计算公式为

$$基本价格=生产者价格-应付产品税+应收补贴$$

SNA 中是通过使用基本价格来计算产出,如果基本价格很难得到,也可以使用生产者价格。可以看出生产者价格也是计算信息产业总产出的一个可以选择的价格,若深入考量信息产业的实际运行过程,不难发现对于整个国民经济体系而言,产品税和补贴是一个近似忽略的数值（特别是国家与国家之间的横向比较）。但是,对于信息产业来说生产者价格中的产品税和补贴的规模是相当大的,尤其是在近些年来,各地区为了促进信息产业快速发展,补贴力度相当大。如果采取生产者价格核算总产出,那么各地区数据之间的可比性就会大大下降,国家层面存在着同样的问题,也会使国际可比性下降。

信息经济发展迅猛,很多国家都曾发生高增长、高就业、低通胀等一系列经

济现象（或者称为新经济），越来越多的国家渐渐意识到信息产业的重要性，激励信息产业发展逐渐变成众多国家发展经济的方法，税收和补贴是激励信息产业发展的关键因素。在信息产业产出的计算中采用生产者价格必然导致数据可比性的下降。[①]本书运用的信息产业总产出计算公式如下：

$$信息产业总产出 = \sum 产品 i 的产量 \times 产品 i 的基本价格$$

2. 信息产业 GDP 核算

在 SNA 体系中 GDP 是一个核心指标，GDP 指的是在一定时期生产的货物和服务的流量总和。GDP 的数值大小直接决定了一个国家或地区可以提供多少产品消费。同总产出相比 GDP 扣除了中间产出，不存在重复计算的问题，因此，一直以来 GDP 被认定是测量经济增长的最佳指标，也是研究人员、企业界、政策分析者、政府管理者及公众观测经济最直观且综合的一个指标。由于 SNA 中 GDP 十分重要，备受公众关注，GDP 的研究成果也是所有统计指标中数量最多的，GDP 背负的指责也不少。

总体来说，GDP 受到的指责主要有：

（1）仅仅反映"货币化"部分，不能全面体现经济，如家务劳动、无照经营、非法生产、卖淫赌博等未观测经济现象并未在 GDP 的核算范围之中。

（2）仅计算人类劳动，未考虑自然环境和环境等价值。

（3）仅能体现流量，但不能体现存量。

（4）未真实地体现经济社会的福利情况，对社会福利没有贡献的经济交易也被包含在 GDP（如灾害）中，未体现分配结构。

（5）网络经济时代 GDP 核算会面临"国土原则"的确认操作困难、大量中间重复计算的存在等问题（杨仲山，2006）。

综上对 GDP 的指责有些求全责备的意味。GDP 存在的意义是单纯的，因为 GDP 体现的经济现象——生产，与许多其他经济现象密切相关让人产生误解，误以为 GDP 是万能的经济指标。SNA 设置 GDP 的初衷是尽量精准地度量产出，关于 GDP 的研究应注重 GDP 对产出度量的精准程度，思考如何查缺补漏、扣除重复计算、修正计算方法等方面，而非刻意规定 GDP 全面反映所有经济及社会现象。

实际上针对以上缺点，研究者们陆续提出 GDP 修正方法或替代指标来弥补 GDP 指标的不足，比较有代表性的方案有：MEW（measure of economic welfare，经济福利测度）、ISEW（index of sustainable economic welfare，可持续经济福利指数）、EDP（environment domestic products，生态国内产出）、GPI（genuine progress

---

[①] 不仅国家间可比性下降，地区与地区之间的可比性也将下降，因为各地区的税收与补贴也同样存在着差异。

indicator，真实发展指标）、GNH（gross national happiness，国民幸福总值）、IEWB（index of economic well-being，经济福利指数）、GNC（gross national consumption，国民总消费量）等。这些解决方案确实如这些指标的推荐者所设计的那样能够解决 GDP 某一方面的缺陷，但是这些替代性的指标同样也存在这样或那样的缺陷，总体来说，其综合性与指标的用途，乃至可操作性与 GDP 相比都还存在一定的差距。因此，本书认为，任何一个单独的指标都不可能描述经济发展的所有现象，GDP 作为综合性较强的总量指标，是 SNA 的核心指标，在信息产业卫星账户中仍然是一个极为重要的核心指标，是信息产业核算的重要内容。

信息产业 GDP 核算的唯一目的就是测度信息产业在一定范围、一定时期内的生产成果，至于信息产业 GDP 这一指标能否作为其他用途，则不是本书研究的重点。

3. GDP 的计算方法

GDP 的计算方法主要有三种（邱东，2001）。

一是生产法，也叫增加值法，是我国计算 GDP 的主要方法。生产法是从生产的角度出发来计算，其原理是通过求得国民经济各部门的总产出，扣除其中间消耗，最后经过汇总得到国内生产总值，计算公式为

$$GDP = \sum(各部门的总产出 - 各部门的中间消耗)$$

二是收入法，也是我国计算 GDP 的主要方法。收入法是从收入的角度，将参与生产的各方的收入（或补偿）的市场价格收入进行加总得到的 GDP，计算公式为

GDP = 雇员报酬 + 固定资本消耗 + 生产和进口税净额 + 营业盈余和混合收入

三是支出法，在我国支出法主要用于验证收入法和生产法的数据。在使用环节中，通过支出法对国内生产总值的计算，计算过程是把整个社会用于最终使用的支出加总起来，以求出国内生产总值，计算公式为

GDP = 最终消费 + 资本形成总额 + 货物和服务净出口

理论上按照"三方等价"的原理，根据三种计算方式最终得到的 GDP 数值都应该相等。但实际上由于这三种方法的操作方法、数据来源、口径不相同，最终结果也往往存在较大的差异。在我国主要采用企业直报数据，而支出法需要使用调查数据，所以我国 GDP 核算主要使用的是生产法和收入法核算，支出法仅仅作为辅助方法出现。具体来说，对于工业和农业的 GDP 核算主要采用生产法核算，对服务业主要采用收入法核算。

在工业、服务业的各个行业中都分布着信息产业，按照中国现行的 GDP 核算方法，信息产业就需要使用生产法核算和收入法核算两种方法，混合使用两种核

算方法又会带来核算的混乱及数据可信程度不高。信息产业 GDP 的核算应该建立一个方法基准，即三方不等价时应该以该基准作为调整的目标。

1）生产法评价

用生产法计算 GDP 的基本思想和运算方法是简便易懂的，只需要根据生产范围，依照产出计算到何处中间投入就计算何处。但计算思路易懂并不等同于可操作性强，其实就企业而言计算出如总产出、中间投入等需要经过复杂计算的复合性指标是十分有挑战性的。深入剖析中间投入的定义和计算过程，且熟练掌握会计核算知识、熟悉会计核算科目内容与中间投入关系的专业人士才能精准计算出某个企业的增加值，这些都远远超出了一个企业的能力范围。

企业的会计科目的项目是生产法计算增加值的基础数据，各个企业会计科目的设置不尽相同、产品类别繁多、生产方式千差万别，这些直接影响统计的标准，在执行层面上操作的技术难度极大，统计误差也在增加。生产法计算的增加值数据准确性受到严重质疑，不少研究人员都曾打算放弃 GDP 核算的生产法。[①]

在核算信息产业 GDP 时，生产法的缺陷就会愈发突出。在信息技术的作用下，社会分工逐步精细化，生产最终产品就会历经更多的中间生产环节，导致中间投入的确认更加艰难。信息产业作为信息技术使用最为彻底的产业，一个完整产品的生产更容易被分解到各个厂商（现在在网络上已经存在将一部分程序在网络分散发包的形式）进行，中间投入的计算显然更加困难，因此生产法并不适合作为信息产业 GDP 核算的基准方法（但是可以作为备用方法对 GDP 数据进行验证）。

2）支出法评价

使用支出法核算 GDP 不但提供了国内生产总值这一指标，而且提供了消费与投资的比例、国际贸易对 GDP 的贡献等。就中国而言，支出法的独特优势在于：一是通过支出法核算出 GDP 能够作为验证和总控制数，支出法核算是站在使用角度，在实际测算过程中运用抽样调查数据来测算，受行政部门的干预相对少、虚假度少，能够提升数据的质量；二是支出法根据最终产品的使用去向来计算 GDP，能够体现出更多的经济信息，如存货变化、政府消费、居民消费等；三是该方法与国际上众多国家趋势比较一致。这就是国内研究者及某些实践部门以支出法为 GDP 核算基准的原因。

目前，在我国 GDP 核算体系中，支出法的重要程度依旧无法同生产法、收入法相比较，原因在于我国的核算体系由 MPS 体系演变而来，不管理念还是技术都更侧重从生产角度来进行核算，企业所运用的统计报表制度仅能支持生产法和收入法核算。

---

① 如朱天福就曾推荐使用收入法核算工业增加值，参见朱天福（2009）。

在中国统计基础的约束下，我们认为在信息产业 GDP 核算过程中，支出法也只能作为一种辅助方法，原因如下：

（1）信息产品的"使用"十分繁杂。信息产品消费的首要特点是无形信息服务的生产与消费彼此独立（如网络软件等），在网络平台这个环境中，人们对信息服务的消费交易成本比较低，交易的隐蔽性也更强，这些特点让信息产品的"使用"十分烦琐复杂。

（2）国内和国外很难辨别区分。网络平台还有一个作用就是消除空间上的界限，凭借网络平台进行的交易，我们难以明确交易对象是否拥有"常住性"，而恰恰支出法 GDP 的计算就考察净出口这一指标。[①]

所以支出法核算信息产业 GDP 十分有挑战性，存在较大误差的可能性大。

3）收入法评价

目前，中国 GDP 核算中服务业主要采用收入法核算，而工业和农业主要采用生产法核算增加值最终得到 GDP。信息产业从产业构成的角度出发，各信息产业部门遍布于工业及服务业之间，在此提议运用收入法核算信息产业 GDP，其原因是：

（1）收入法更加适用。相比于生产法，收入法的计算方法简单，基础资料全面，不管服务业还是工业，企业所拥有的财务指标都能够符合收入法核算的需求。

（2）收入法操作难度相对较低，有利于提升基层单位所提供数据的质量。在统计实践中，生产法的中间投入指标计算难度巨大，如工业涉及增加值计算的综合指标多达 16 项。非专业的统计工作者很难精准计算；但收入法计算则十分简单，如工业中用收入法计算工业增加值涉及应付工资、折旧、税金、利润等 10 项财务指标，基础财务数据无须进行加工就可以直接计算，容易操作，更有助于基层单位提供准确数据。

（3）收入法数据源自企业财务数据，数据的质量比较高。企业的财务数据受到会计准则及相关审计制度的硬性约束，可信度更高，凭借收入法所计算的 GDP 数据质量更好。

（4）收入法对大小规模企业的数据衔接更有优势。例如，中国大规模工业采用的是全面调查来统计核算，小规模企业采用抽样调查。一般来说小规模企业没有一套健全独立的生产核算制度，没办法精准地统计中间投入等指标，所以小规模企业的增加值一般都用一种替代思想，用大规模企业中的小企业的增加值率乘以大规模企业的总产值进行换算。若用收入法，由于所有企业都有劳动者报酬、折旧、生产税净额、营业盈余等信息，核算口径和数据可以很好地衔接。

---

① 从使用角度确定交易对象是否是常住单位比较困难，而生产要素是否由常住单位提供则相对容易确定，因此在生产法和收入法中，网络交易的国内国外确定要相对容易。

综上所述，在核算信息产业 GDP 的方法选择上，本书认为信息产业通常是小规模产业，同信息技术、网络联系密切，所以收入法对信息产业 GDP 的核算更适用，生产法和支出法也可以为收入法计算提供补充和验证。

4. 信息产业 GDP 核算表

信息产业 GDP 核算的重点是信息核心产业和信息外延产业。其中，信息核心产业的增加值可以直接将各基层部门的增加值进行汇总求和获得，用公式可以表示为

$$信息核心产业GDP = \sum_{i \in 核心层信息产业}^{n} 基层单位 i 的增加值$$

各基层单位的增加值可以运用三种不同的方法一起计算，分别求和，最后将收入法计算结果作为调整的标准。

信息外延产业的增加值则可以运用估算的思想。信息外延产业的信息生产一般是基层单位内部为保障生产顺利进行而提出一系列辅助性生产活动，信息外延产业的信息生产大多都是非市场的，如前文所述，无市场交易的信息产品估价十分艰难，所以对信息外延产业的增加值应以信息工作者的劳动报酬进行估算，即

$$扩展层信息产业增加值 = \sum_{j \in 扩展层信息产业}^{n} 基层单位 j 中的信息劳动者报酬$$

将核心层与信息外延产业增加值相加即可得到信息产业 GDP。

信息产业 GDP 总表的样式见表 4-3。

表 4-3 信息产业 GDP 总表

生产	金额	使用	金额
一、收入法 GDP		一、支出法 GDP	
（一）劳动者报酬		（一）最终消费	
（二）生产税净额		（二）资本形成总额	
（三）固定资产折旧		（三）净出口	
（四）营业盈余		（四）统计误差	
二、生产法 GDP			
（一）总产出			
（二）中间投入			
（三）统计误差			

表 4-3 是根据收入法、生产法、支出法 GDP 核算表汇总在一起而产生的简化总表，其中的项目可按需求进一步划分。例如，生产税净额可以分为生产税和补

贴，最终消费分为政府消费、居民消费，资本形成可细化成固定资本形成总额和存货增加，净出口可分成进口和出口等。

信息核心产业 GDP 核算的收入法及生产法核算表见表 4-4 和表 4-5。

表 4-4　收入法信息核心产业 GDP 表

产业部门		增加值	劳动者报酬	生产税净额	固定资产折旧	营业盈余
有形信息产品信息产业	记录媒介的复制					
	信息化学品制造					
	电线电缆制造					
	光纤、光缆制造					
	通信设备、计算机及其他电子设备制造业					
	合计					
无形信息服务产业	电信和其他信息传输服务业					
	计算机服务业					
	软件业					
	计算机、软件及辅助设备批发					
	通讯及广播电视设备批发					
	计算机、软件及辅助设备零售					
	通信设备零售					
	新闻出版业					
	广播、电视、电影和音像业					
	合计					

表 4-5　生产法信息核心产业 GDP 表

产业部门		增加值	总产出	中间投入
有形信息产品信息产业	记录媒介的复制			
	信息化学品制造			
	电线电缆制造			
	光纤、光缆制造			
	通信设备、计算机及其他电子设备制造业			
	合计			
无形信息服务产业	电信和其他信息传输服务业			
	计算机服务业			
	软件业			
	计算机、软件及辅助设备批发			
	通讯及广播电视设备批发			

续表

产业部门		增加值	总产出	中间投入
无形信息服务产业	计算机、软件及辅助设备零售			
	通信设备零售			
	新闻出版业			
	广播、电视、电影和音像业			
	合计			

4.3.2　信息产业投入产出核算

1. 信息产业投入产出核算的意义

列昂惕夫（W-Leontief）在 1925 年首次提出投入产出分析，并编制了投入产出表，随后在 1936 年，列昂惕夫写的《美国经济中投入与产出的数量关系》曾被称为投入产出方法产生的标志。

投入产出表的主要思想是国民经济体系中的各部门都有双重身份，不仅是生产者也是消费者，作为生产者它将自己的总产出分配给其他部门（含自己）作为生产资料、最终消费、积累或出口；作为消费者，它为了进行生产，也需要消耗其他部门的产品作为投入。投入产出的基本思想意味着整个国民经济由各部门组成了一种错综复杂的相互依存关系。投入产出表通过矩阵来描述特定时期内国民经济体系中各部门生产活动的投入的来源和产出的使用，用来体现国民经济体系中各部门之间互相依附、彼此牵制的数量关系。

投入产出表产生后马上就变成对国家和地区经济进行数量研究的主要方法，很快就成为经济分析的主流方法。20 世纪 50 年代初，西方很多国家开始编制投入产出表。世界各国（除少数经济不发达且与国际市场关系较少的小国外）也开始编制投入产出表，投入产出已经成为 SNA 五大核算体系之一。

中国在 1974 年开始编制投入产出表。1974 年 8 月，应国家统计局和国家计划委员会的号召，国家计划委员会、国家统计局、中国科学院、中国人民大学、北京经济学院等各个单位联合编写出“实物型”投入产出表，该表汇集了 1973 年全国 61 种产品。中国正式开始编制投入产出表是在 1987 年，以后每五年编制一次全国投入产出表。

信息产业作为一个新兴的产业类型，在中国的投入产出表中并没有得到体现，因此对信息产业进行投入产出核算意义重大。

（1）信息产业的投入产出核算对研究信息产业与传统产业的关系有帮助。一直以来信息产业与传统产业的关系和相互作用都是一个值得研究的课题，“融合”、

"渗透"及"拉动"、"产业升级"等新概念是信息产业与传统产业关系的浓缩精华。值得注意的是关于信息产业和传统产业的关系研究，更多的都是定性研究，关于两者究竟怎样相互作用、投入产出关系如何等，缺乏一定的数据支持，进行信息产业投入产出核算可以为该方面的研究提供基础的数据支持。

（2）对信息产业进行投入产出核算，为制定信息产业政策提供了便捷，使其更加科学合理。信息产业早就成为国民经济中不可或缺的一部分，它的高成长、高渗透性影响其发展速度、规模和效率，对国民经济其他产业及整个经济系统产生了巨大的引领带动作用。所以提出信息产业的相关政策一定要充分掌握信息产业与其他产业的关系和相互作用。信息产业投入产出分析提供的直接消耗系数、完全消耗系数等经济数据，能够比较精准地描述产业之间的数量关系，且为制定政策提供有效合理的依据。

由于目前无论哪个口径的信息产业分类标准都与我国的投入产出表不匹配，所以要对信息产业与传统产业的投入产出关系进行研究，就必须使用其他方法将信息产业从投入产出表中分离出来，这势必会进行大量的估算，数据误差较大。在后续章节我们将讨论在现有数据支持下，进行信息产业投入产出研究的方法，并进行试算。

2. 信息产业投入产出表编制方法

投入产出表一般有两种常用方法：第一种是直接分解法，基层单位通过投入产出部门分类原则将其生产过程中的投入和产出分类，得到各产品部门的投入产出资料，中国投入产出表的编制使用的是直接分解法；第二种编制方法是间接推导法（UV 表法），先编制各基层单位的投入表（使用表或 U 表）和产出表（供给表或 V 表），然后根据 SNA 推荐方法，根据"产品工艺假定"或"部门工艺假定"，利用数学公式和技巧导出投入产出表。

使用直接分解法编制投入产出表的主要分解工作不在综合部门，而在被调查的基层单位，它的缺点就是人力、物力、财力付出得较多，制表的时间长，时效性不佳。例如，中国投入产出核算先是编制产出表和产品部门×产品部门表，再编制出使用表，产出表是根据投入产出调查并利用相关信息编成的，产品部门×产品部门表用直接分解法编制。这种编制方法给基层单位的统计部门带来了巨大的压力，特别是分解中间消耗的过程中，统计者需查询大量的原始记录，按相应比例或定额推测综合的项目，若是基层统计部门没有完善的统计记录或是核算基础极差，影响数据质量的可能性也极大。此方法需基层单位投入巨大的人力物力，所以我国投入产出表只能每五年编制一次。

相比于直接分解法，UV 表法对基层统计部门产生的压力较小。使用 UV 表法，在投入构成调查中，只需要基层单位填列全部产品的总投入构成，同时填报基层单位总产品中分属于各个产品部门的产值数。在编制总表时，一方面根据各基层单位总产品的投入构成汇总出全社会各基层单位部门的投入构成（即 U 表）；另一方面依据各基层单位总产品的产品部门构成，汇总出按基层单位部门和产品部门分组的社会总产品的关系矩阵（即 V 表），利用这两个矩阵，在一定的假设条件下，凭借数学方法求出投入产出表。用 UV 表法编制投入产出表的重点工作都依赖于综合部门，现如今科技发达，可每年都编制投入产出表，与直接分解法相比时效性良好。

我国投入产出表编制用直接分解法是因为若使用 UV 表法，一定要符合基本条件，即统计单位一定要是基层单位（产业活动单位），而我国普查制度和年报制度一般都是以机构部门（法人单位）为基本统计单位。

迄今关于信息产业投入产出的学术研究，所运用的研究方法多是利用中国"全口径"投入产出表，调整其产业部门从而得到信息产业投入产出表，如贺铿（1989）、曾昭磐（2001）的研究等。本书观点是信息产业投入产出表的编制，若仅从"全口径"投入产出表中进行分解、重新划分结构是远远不够的，从投入产出表的编制角度出发，应该使用 UV 表法。

（1）信息产业的分类原则和现行统计分类原则有所不同，根据"全口径"投入产出表再分解十分艰难。2007 年"全口径"投入产出表分成了 144 个部门，而构成信息产业的部分则是散落在这些部门当中（如光纤、光缆制造等小类就含在产品部门电线、电缆、光缆及电工器材制造中），怎样精确地分解出其中的"信息产业"部分是充满挑战性的。

（2）"全口径"投入产出表的时效性较差。即使能够在技术上解决利用全口径投入产出表分解出信息产业的问题，其时效性也会使信息产业投入产出核算丧失意义。信息产业的发展进入高速发展的时期，5 年的时滞期对于信息产业的影响将远远大于传统产业。

综上，本书的观点是，采用 UV 表法编制信息产业投入产出表是必然的，但此方法在操作层面有相当大的难度。

4.3.3　信息产业人力资源核算

1. 信息产业人力资源核算的意义

信息产业人力资源核算包括信息产业就业核算和信息产业人力资本核算两部分内容。其中就业核算主要测度信息产业就业人数与结构，人力资本核算主要统计信息产业的劳动力质量（受教育程度、工作年限等）、劳动力流动等情况。

在我们对信息产业进行全面核算时，信息产业人力资源是核算的重要内容，主要原因如下：

（1）信息产业是吸纳就业最快的产业之一，精确统计信息产业就业为监测信息产业发展状况提供重要数据。中国信息产业吸纳就业的能力始终保持着高速增长趋势。

（2）信息产业属于需将智力投入的新兴产业，产业发展受劳动者自身文化素质的影响。所以全面地统计信息产业工作人员的受教育程度、专业文化背景、收入水平、工作经验等情况，对于掌握信息产业发展状况是必不可少的。

（3）信息产业中劳动力资源流动十分频繁。信息产业是个非常有代表性的"朝阳"产业，其发展速度迅猛，当前正处于扩张阶段，"跳槽"成为很普遍的状态。这种现象对产业的发展具有两面性：一方面，劳动力流动速度快有助于企业利用优胜劣汰的人才竞争制度，彰显企业的活力，培养创新意识；另一方面，劳动力流动速度快会使企业凝聚力降低、人力资源成本增长、组织效率降低。所以监控信息产业劳动力资源流动状况同样是信息产业核算的关键。

2. 信息产业人力资源统计的口径与原则

信息产业与就业问题始终是经济学学者热衷探讨的问题之一。针对此类研究，学者们更注重信息产业发展会对整个社会就业所产生的影响[①]，而对信息产业自身吸纳就业的规模和结构等问题的研究很少。本书认为，信息产业对就业的影响可以从直接影响和间接影响两个层面剖析，直接影响是信息产业的就业人数，间接影响是由于信息产业发展所引发的所有行业就业人数的变化。就信息产业核算而言，核算的重中之重应该是直接影响，间接影响是对统计数据的进一步挖掘和开发。

就业人员是指从事一定社会劳动，相应取得劳动报酬或经营收入的人员。而信息产业就业人员是在一国境内从事与信息产品生产、传递等相关的社会劳动，并取得劳动报酬或经营收入的人员。就业人员需符合两个要求，一是取得报酬或经营收入，调查周内需从事一小时及以上的劳动；二是由于学习、休假等在调查周内处于未工作状态，但有工作单位或场所。而信息产业就业统计同样需遵循国土原则，所以信息产业就业人员的统计对象不仅包括本国人员也包括国外人员。

判定一个劳动者是否属于信息产业从业人员，基本标准是"从事与信息产品生产、传递等相关的社会劳动"，但因为劳动过程复杂，该标准在操作时往往很难判定明确。借鉴波拉特对信息职业的甄别标准，对信息产业从业者做出如下判定。

（1）所有信息核心产业的就业人员全都是信息产业就业人员。

---

① 这一方面的研究最早可以追溯到从微观角度分析信息技术进步就业效应的古典经济理论。19 世纪几乎所有的古典经济学家都参与了这一问题的讨论，包括萨伊、西斯蒙第、李嘉图、拉姆塞、马尔萨斯、西尼尔、马克思、穆勒等。

（2）信息外延产业和其他产业的就业人员，按照劳动者从事信息工作的程度区别对待。倘若劳动者生产的劳动成果中信息产品占比大于 50%，或劳动者从事信息活动时间大于所有劳动时间的 50%，那么就按信息产业从业人员统计。

3. 信息产业人力资源统计的内容与计算方法

1）信息核心产业就业人员数

信息核心产业的生产成果为纯粹的信息产品，其就业人员数就是信息产业从业人员。计算公式为

$$信息核心产业从业人员数 = \sum_{i \in 信息核心产业}^{n} P_i$$

其中，P_i 表示调查期第 i 个信息核心产业的就业人员数。根据统计基本单位的各种属性（如所有制类型、所属地区）可对信息核心产业就业人员数进行合理的分类。

2）信息外延产业信息就业人员数

信息外延产业就业人数可以根据劳动者所生产的信息产品或从事信息活动的时间比例来判定该劳动者是否为信息产业就业人员。信息核心产业就业人员状况表见表 4-6。

表 4-6　信息核心产业就业人员状况表

行业类别名称		按登记注册类型分类的就业人员数			按地区分类的就业人员数			按企业规模划分的就业人员数			…	合计
		国有集体	私营经济	…	北京	上海	…	大型	中型	小型	…	
信息货物部门	行业1											
	行业2											
	…											
	合计											
信息服务部门	行业1											
	行业2											
	…											
	合计											
合计												
非信息产业部门	行业1											
	行业2											
	…											
	合计											
合计												

表 4-6 的数据横向汇总得到各类细分行业信息产业就业人员数，纵向汇总取

得各分类标志的信息产业就业人员数。

3）信息产业就业人员年龄结构

信息产业就业人员年龄结构是按照年龄段分类标志来统计的，将年龄段划分为 8 个级别：20 岁及以下，21~25 岁，26~30 岁，31~35 岁，36~40 岁，41~50 岁，51~60 岁及 61 岁及以上。之所以这样划分，是因为当前信息产业就业人员在年龄上整体呈现年轻化，对低年龄段的划分较为细致，这能够提高统计测度数据精度。

4）信息产业就业人员报酬统计

根据中国现行职业分类标准来分类统计信息产业就业人员的劳动报酬。

5）信息产业就业人员文化程度统计

文化程度依照小学及以下、初中、高中或中专、大专、大学本科、硕士、博士等类别统计。

6）信息核心产业就业人员离职率统计

离职人员是在核算期间内辞职、免职、解职的人，离职率是指已离职员工数量占总员工数的比率。用公式可以表示为

$$离职率=离职人数÷员工总数×100\%$$

尽管离职率还未被包含在中国官方统计体系中，但该指标在企业中却是个必不可少的人力资源管理指标，可以用其测量企业内部人力资源流动状况。当前在企业中离职率的算法主要有四种，四种算法原理与公式为"离职率=离职人数÷员工总数×100%"，差别在于其对员工总数的理解有所不同。

方法一：定义员工总数是平均员工数，离职率=当月离职人数/［（月初人数+月末人数）/2］×100%；

方法二：定义员工总数是报告期期初员工数，离职率=当月离职人数/月初人数×100%；

方法三：定义员工总数是期末员工人数，即离职率=当月离职人数/月末人数×100%；

方法四：定义员工总数是期间累计在册员工数，离职率=当月离职人数/（月初人数+当月新进人数）×100%。

比较四种计算，不难发现前三种方法都有可能发生离职率大于 100% 的情况，只有第四种方法可以一直保证离职率小于 100%。所以对信息核心产业离职率进行计算时，选择了方法四，即

$$信息核心产业离职率 = \frac{\sum_{i=信息核心产业}^{n} 报告期企业 i 离职人数}{\sum_{i=信息核心产业}^{n} 报告期企业 i 累计员工数}$$

其中，累计员工数=报告期期初员工数+本期新录用员工数。

4.3.4　信息化指标统计

1. 信息化指标的意义

1）连带外部效应与信息产品需求

连带外部效应意思是消费者对某产品需求不仅由自己的偏好和产品的价格决定，还由其他人对产品的需求决定。对多数产品而言，连带外部效应可能不显著也可能会发生正的连带外部效应或负的连带外部效应[①]。对于信息产品而言，连带外部效应一般情况下都有，大多会产生正连带外部效应。

就典型的信息产品需求而言，一般会出现如图 4-3 所示的产品需求。图 4-3 中，D_1、D_2、D_3、D_4 分别表示有 1 000、2 000、3 000 和 4 000 人购买产品时产品的需求曲线，D 表示整个市场的产品需求。从图 4-3 中可以发现由于存在连带外部效应，需求该产品的人数越多，产品的需求就越多。对于消费者来说，产品的使用者越多，消费者从产品中获得的效用也越高。存在正连带外部效应的信息产品需求曲线更富有弹性，表明产品降价能够使得销售额迅速上升，所以信息产品价格下降速度高于一般产品。

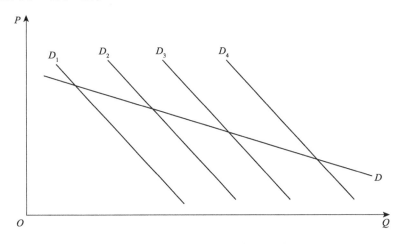

图 4-3　信息产品的连带外部效应

连带外部效应使我们对信息产业进行核算时一定要看重信息化指标，这些指标虽不能直接反映信息产业的规模、产值、价格等经济信息，但由于信息化指标或者能反映人们对信息产品的需求，或者能反映信息产品的普及率，这些都是信

---

① 例如，攀比效应，别人有的自己也要有，消费者的需求会受到其他人需求正的影响；虚荣效应，自己拥有的产品需要有特色、独一无二，这时消费者的需求会受到其他人需求负的影响。

息产业发展的关键。

2）信息产业发展的环境难以货币化

不同于其他的经济现象，信息经济的发展必须有适合的信息基础建设，如光纤的铺设、基站的建设、网络普及率、电话普及率等软硬件环境都制约着信息产业的发展。而这些指标通常难以货币化或者货币化并不能真实反映出信息环境：我们不能通过诸如"信息基本建设投入额"之类的指标去判断信息的硬件环境。

3）信息化指标统计是信息产业核算的有益补充

信息产业生产核算、投入产出核算等指标都是以价值量指标为首要，因为这些指标具有综合性，所以它们具有统计意义，这些指标体现出信息产业生产、使用过程的价值构成。信息化指标主要是实物量指标，意义在于体现信息产业对整个社会、经济的影响。

2. 数量指标与品质指标的选择

根据统计指标体现的总体特征性质的不同，指标可划分为数量指标和品质指标。数量指标划分能体现总体某特征的绝对数量，如总体规模、工作总量等。品质指标是将两个性质相同或彼此有关的指标数值通过对比求得商数或比例，用来体现现象总体内部的结构、比例、发展状况或相互之间对比关系的指标，如人均GDP、每百万人互联网用户数、每百平方公里卫星站点数等，品质指标大多用平均数、相对数表示。

品质指标某种程度上能体现总体水平的集中程度、平均水平及结构分布等信息。因此一直以来在经济学研究中，品质指标始终都是研究人员钟爱并广泛应用的指标。对信息产业统计测度的研究中，品质指标也同样受研究者的钟爱。例如，小松崎清介的信息化指数中的二级指标近乎全都使用品质指标，国家统计局发行的"中国信息化测度与评价的指标体系"中 25 个二级指标都用到品质指标，郑京平、杨京英《中国信息化评价与比较研究》中推出的信息化水平综合评价指标体系设定的 35 个二级指标也都应用品质指标。

从选择指标的角度出发，不管国内或是国外、机构或是学者，设立的指标体系都侧重于品质指标的应用。

本书认为，品质指标并不能客观地体现信息产业的发展情况，究其原因是信息产品一般都具非竞争性。非竞争性就是一个人对产品的消费并不会影响其他人同时消费该产品及其从中获得的效用，即在一定的生产水平下，为额外的消费者供给这物品所获得的边际成本等于零。体现非竞争性的信息产品在使用过程中本身并不会被消耗，可重复无穷次使用。例如，软件产品、网络上的信息，在一定程度上基站的使用、带宽的使用等。对这些产品的测度如果用人均指标、相对指标来衡量，会在很大程度上低估信息产品带给人们的福利，不能准确度量信息产业的发展情况。为了更好地理解品质指标滥用的危害，我们以度量科技创新能力的常用指标"R&D 经费/GDP"为例进行说明。表 4-7 列示了各国 2006 年"R&D 经费/GDP"的相关数据，从这些数据中可以看到品质指标的失真：美国是公认的科研强国，但是由于 GDP 数据相对较大，"R&D 经费/GDP"指标在数值上低于日本和韩国。

表 4-7　各国 2006 年"R&D 经费/GDP"

国家	R&D 投入/10 亿本国货币	R&D 经费/GDP
中国	300.31	1.39%
美国	343.75	2.64%
日本	17 273.45	3.41%
英国	23.20	1.75%
法国	37.84	2.11%
德国	58.85	2.54%
韩国	27 345.70	3.01%

资料来源：国家统计局网站

综上，对信息产业统计时品质指标的使用必须要小心仔细，传统工业经济中经常用的指标不可以直接使用，需要经过筛选及修正。筛选的主要原则是测度内容是否具有非竞争性。就非竞争性的产品而言，应该使用数量指标，用绝对值测量；就普通商品而言，则可使用品质指标，用相对数测量。

3. 指标设置

1）信息产业基础设施统计

信息产业基础设施是指有助于信息技术的生产、使用的基本建设，如手机信号塔的建设、光纤网络的铺设等。信息产业基础设施统计的主要内容包括：

（1）每百平方千米长途光缆长度。光缆是主要的通信基础设施，与信息传输的效率和传输网络的覆盖程度息息相关，该指标是用来衡量带宽的指标。

（2）每百平方千米微波通信线路。微波通信是传统通信方法，该指标是体现传统带宽资源的指标。

（3）每百平方千米卫星站点数，表现卫星通信占比。

（4）每千人拥有电话主线数，体现拥有公用电话网的电话主线数量。

（5）网络国际出口带宽，反映网络出口带宽。

2）网络经济相关统计

（1）网民规模，网民指在调查期半年内使用过互联网的 6 周岁及以上中国公民。

（2）网站数量，指注册者在中国境内的网站（包括在境内接入和境外接入的）。

（3）网页数量，网页是互联网内容资源的直接载体，网页数量直接体现网络信息资源的规模。

（4）网页长度，网页长度以字节数为度量单位，反映网页内容的规模。该指标与《国家信息化指标体系构成方案》中的"网络资源数据库总容量"一样都是反映网络信息规模的指标，与"网络资源数据库总容量"相比，"网页长度"由于信息构成更纯粹（以文字为主），更能准确反映信息规模。

（5）网上购物比例，指在核算期内参与过网络购物的用户数量与网民总数的比例，反映电子商务的发展状况。

（6）电子商务交易额，指通过计算机网络所进行的所有交易活动，包括 B2B（business to business，企业对企业）、B2C、B2G（business to government，企业对政府）等交易的总成交额，反映电子商务发展规模。

3）家庭信息产品使用情况统计

（1）每百户家庭平均计算机拥有量，反映计算机普及率。

（2）移动电话普及率，反映移动电话普及率。

（3）有线电视普及率，反映有线电视普及率。

（4）家庭互联网用户数，反映家庭计算机接入网络的情况。

（5）宽带用户数，指使用宽带接入互联网的网民数。

（6）互联网一揽子价格。互联网一揽子价格反映上网价格，计算方法是：根据每月接入互联网 20 小时（高峰期 10 小时，非高峰期 10 小时）可获得的最便宜的价格计算，不包括电话线租金，但包括电话使用费。

（7）每周平均上网时间。

（8）软件支出费用与硬件支出费用之比，反映家庭部门软件支出与硬件支出的比例。

4）企业信息产品使用情况

（1）每百人（员工）计算机拥有量，以企业员工总数为基数计算。

（2）计算机联网率，指企业计算机接入互联网的比例。

（3）拥有企业门户网站的企业比例。

（4）企业软件投入，指企业部门购买、维护软件产品的总投入。

第5章 信息产业投入产出模型的构建及其试算

5.1 投入产出模型理论简介

5.1.1 投入产出的基本表达形式

投入产出表，也被称为产业关联表或者部门联系平衡表，通常按照计量单位不同可以将投入产出表分成价值型（表 5-1）与实物型两种类型。在价值型投入产出表中，一般按照价值单位（万元）进行计量，而在实物型表中则按各物量单位（吨、米等）计量。

表 5-1 投入产出表（价值型） 单位：万元

投入		中间使用				最终使用	总产出
		部门 1	部门 2	⋯	部门 n		
中间投入	部门 1	x_{11}	x_{12}	⋯	x_{1n}	F_1	X_1
	部门 2	x_{21}	x_{22}	⋯	x_{2n}	F_2	X_2
	⋮	⋮	⋮	⋮	⋮	⋮	⋮
	部门 n	x_{n1}	x_{n2}	⋯	x_{nn}	F_n	X_n
增加值	固定资产折旧	V_1	V_2	⋯	V_n	第IV象限	
	劳动者报酬						
	生产税净额						
	营业盈余						
总投入		X_1	X_2	⋯	X_n		

投入产出表通常分为四个象限：其核心是第 I 象限（投入与产出数据），反映各部门之间相互提供、消耗产品的技术经济联系，从横向看，表示第 i 个部门的产品或服务被提供给第 j 个部门所使用的价值或数量。从纵向看，表示第 j 个部门在生产过程中所使用的来源于第 i 个部门的产品或服务的数量。第 II 象限是最终使用象限，表示最终使用的规模及结构；第 III 象限则是增加值或最初投入构成，包括固定资产折旧、劳动者报酬之类；第 IV 象限是空白象限，可用于国民核算矩阵的开发。

5.1.2　投入产出中的基本平衡关系及数学表达

使用以下三种形式表达投入产出表中的基本平衡关系：

（1）行平衡关系：即"中间使用+最终使用=总产出"；

数学表达式：$X_i = (x_{i1} + x_{i2} + \cdots + x_{in}) + F_i = \sum_{j=1}^{n} x_{ij} + F_i$

（2）列平衡关系：即"中间投入+最初投入=总投入"；

数学表达式：$X_j = (x_{1j} + x_{2j} + \cdots + x_{nj}) + V_j = \sum_{i=1}^{n} x_{ij} + V_j$

（3）总量平衡关系：即"各部门总产出=各部门总投入"。

数学表达式：$\sum_{j=1}^{n} X_j = \sum_{i=1}^{n} X_i$

5.2　信息产业分离系数方法研究

5.2.1　主要的分离系数确定方法论述

信息产业广泛分布于国民经济的各行业中，具有很高的渗透性。由于目前我国缺少必要的统计通道并且对信息产业没有相应的专门统计，我们只能在对现有的统计资料充分利用的基础上进行专门统计，即利用全口径投入产出表将信息产业单独分离，而全口径投入产出表中的部门和信息产业部门并不是一一对应，有些部门是"纯粹信息部门"，它们全部属于信息产业，有些部门是"非纯粹信息部门"，其中的一部分属于信息产业。对于"纯粹信息部门"可以利用投入产出表中的数据直接合并得到相应数据，而要将"非纯粹信息部门"的数据从全口径投入产出表中分离出来，就不是简单的部门合并问题，这就要求研究者思考一个问题：

如何从全口径投入产出表中分离得到相应数据？其中分离部门数据的核心问题就是确定分离系数 p_i：

$$i\text{部门的分离系数 } p_i = \frac{i\text{部门属于信息产业的值}}{i\text{部门相应总值}}$$

通过查阅研究目前的文献可得出，从投入产出表中分离部门并得到相应部门分离系数的方法主要有以下几种。

1. 直接分离法

即从已有的"全口径"投入产出表中，将相关的信息行业直接分离得出。例如，以投入产出表中的"纯粹"信息部门为例，我们将其完整地从"全口径"表中分离出来，并将其产值全部划分为信息产业，即 $p_i=1$。

2. 德尔菲法（经验法）

与直接分离法相比，这种方法下 p_i 的值参考相关行业工作人员或专家的工作经验后进行确定。不过这种方法的局限性在于，它对于经验的可信度有较高的依赖性，所确定的 p_i 值往往会因工作地域、时间等因素受到限制，是一种经验估算法。

3. 假定分配系数法

对于既包含信息活动又包含非信息活动的投入产出部门，按照信息产业部门和非信息产业部门平均分配的方式，各取 50%，即 $p_i=0.5$。

4. 迭代系数法

此方法以全口径投入产出表为基础，将国民经济账户中的各个部门分为三部分：非信息产业、非纯粹信息产业及纯粹信息产业。并要求符合一定的假设条件：

假设：市场经济完全竞争，尽管行业不同，但投入各行业的单位产品所创造的增加值应保持相等，否则资源就会流入（增加值/单位产品）比例更高的部门。

p_i 的计算方法如下：

设：在全口径投入产出表中，第 1 到第 k 个部门为非信息部门，第 $k+1$ 至第 n 个部门为纯粹信息部门，第 $n+1$ 至第 m 个部门则是非纯粹信息部门，那么：

$$p_i^{(t)} = \frac{d \cdot I_i + \sum_{j=k+1}^{n} x_{ij} + \sum_{i=n+1}^{m} p_i^{(t-1)} \cdot p_j^{(t-1)} \cdot x_{ij}}{x_i}$$

其中，$p_i^{(t)}$ 表示第 i 个非"纯粹"信息部门中经过 t 次计算后得到的信息增加值比例；d 代表社会总体中信息从业人员的比重；I_i 代表资产形成总额；x_{ij} 代表第 i 个部门对第 j 部门的中间投入量；x_i 代表第 i 个部门的总产出，$i = n+1, n+2, \cdots m$；分子的第 1 项代表第 i 个部门对第三信息部门的近似投入，第 2 项代表对"纯粹"信息部门的投入，第 3 项代表对非"纯粹"信息部门的投入，因此，对整个信息产业的投入用以上三项的总和表示。每一次对于 t 的计算都会使结果接近实际"部分"值，并且利用计算机技术对该公式进行求解将更快达到目的。d 的值可以从人口普查资料或相关年鉴中查询。

5. 类比法

这种方法主要依赖于发达国家数据统计体系的全面性，首先对比国内的部门与国外相应的部门，我们通常对照国外类似的研究结果，之后确定信息产值在这类部门产值中所占的比重。由于不同国家的经济发展状况不一样，即使是同一行业其相应的结构也不尽相同，此种方法造成的误差难以估计。

6. 抽样调查或典型调查法

这种方法通过调查有关部门的劳动者构成和产值投入构成占比，定义其比值为 p_i。具体方法是在"非纯粹"信息部门中进行随机抽样调查，或者分别挑选一些具有代表性的单位，之后按照信息部门给出的定义对这些单位职工中信息工作者人数进行调查，根据信息工作者人数或者该单位的信息产业投入推算该单位信息业产值，使用此方法计算信息产业增加值或者产值的时候需要满足如下假设条件。

（1）假设一：间接信息劳动者与其所在部门的非信息劳动者的平均劳动生产率相同，且该部门对于信息产值与非信息产值具有相同的投入构成；

（2）假设二：间接信息劳动者与相类似的直接信息劳动者的平均劳动生产率相同，且在信息产值相同的前提下，各部门的投入构成也相同。

7. 就业人数法

这种方法需要使用已有的统计资料来直接估计行业就业结构和人数，其中，部门劳动者总人数与信息劳动者人数的计算过程，需要参考我国信息职业分类纲要，以及人口普查资料中"行业就业人数和职业就业人数"的部分。值得注意的是，我国的行业分类分为四个级别（门类、大类、中类、小类），我国的职业分类则是三个级别（大类、小类、细类），并且我国的人口普查数据最细可以分到行业中类的就业人数和职业的小类就业人数，而信息产业的某些部门的分类要求到行业的小类，需要的数据涉及职业的细类，但这部分数据通常是无法得到的，这也提醒我们我国人口普查数据的详细程度有待提高。除此之外，由于全国人口普查的进行（以十年为一个周期，2010 年是第六次）和投入产出表的编制并不连续，两者往往不在同一年进行，因此如果该年不是人口普查年，我们只能通过统计年鉴、主管部门、必要的抽样调查、假定一定时期内就业结构不变或者使用别的方法代替估计得到该产业从业人数。本方法同样需满足一些假定：

假设间接信息劳动者与所在部门的非信息劳动的平均劳动生产率相同，且信息产值同非信息产值一样具有相同的投入构成。

8. 产业分类法

对所讨论产业包括的范围进行再分类，使其有利于数据的获得。例如，可以将主管部门，产业主要面向对象，或者产品性质等因素的不同作为分类对象。例如，贺铿（1989）、王中华（1989）在相应的研究中按信息产品的性质对信息产业进行了分类。

9. 比例因子漂移法

假定投入产出表中部门由相应的多个行业组成，每个行业由多个细类组成。即 i 部门=$\{行业\}_1^{ni}$，行业=$\{细类\}_1^{m_{ni}}$，ni 和 m_{ni} 都是非负整数。同样假定相应的信息产业部门中包括若干个行业，每个行业又包含多个细类。进一步假定投入产出部门中属于信息产业的细类有 $k_{m_{ni}}$ 个，则 i 部门的基本分离系数表达式如下：

$$\overline{p_i} = \frac{k_{m_{ni}}}{ni \cdot m_{ni}}$$

同时部门 i 的分离系数表达式为 $p_i = \overline{p_i} + v_i$，$v_i$ 即漂移因子，可以使用经验、统计等方法估计得到，引入漂移因子的目的是对以下假定进行修正：

假定：i 部门各行业中各细类的投入产出所得的相关数值（如增加值、中间使用等）分别相等。

5.2.2　分离系数确定方法比较研究

我国学者在这一领域进行了如下研究，贺铿（1989）、王中华（1989）参考波拉特分类方法，以 1987 年的中国投入产出表为基础编制了中国信息产业投入产出表，提出可以用直接分离法，具体方法是根据原始投入产出的调查资料，直接从第二产业和第三产业中将信息制造业（劳动资料生产部门）和直接信息部门（信息服务业）的投入产出分离出来。对于间接信息部门的推算，可以使用典型调查法，通过调查有关部门的劳动者构成和产值投入构成来完成。

王辅信等（1998）提出，由于我国现行的部门分类与信息产业的内涵并不能完全兼容，因此一般投入产出表向信息产业投入产出表的转化绝不能简单地将各部门加总，而是要采用科学的方法，从现行国民经济各部门中识别信息产业并把它划分出来，为此他们在研究中采用了直接分离法和典型调查法。

曾昭磐（2001）提出了"转换系数"的概念，其原理类似分离系数，利用全体转换系数构成相应的转换系数矩阵（对称矩阵），令转换系数矩阵与投入产出矩阵相乘，得到信息产业投入产出表，该方法比以往学者的研究成果更加高效。确定转换系数的方法类似王辅信等的研究，该研究主要采用了直接分离法与抽样和典型调查法。

对于各种方法的比较研究开始于 2002 年，较为常见的分离系数确定方法有比例因子漂移法、产业分类法和就业人数法等，孙娜和刘伟（2002）利用 1997 年的投入产出数据对上述三种方法分别进行了实证研究，测得的信息产业增加值占地区 GNP（gross national product，国民生产总值）的比例如下：使用比例因子漂移法的测量值为 14.65%，产业分类法的测量值为 15.53%，就业人数法的测量值为 14.18%，可以看出，尽管使用不同的方法分离产业部门所得到的增加值是有差异的，但差异不是很显著。

邓景毅等（2002）指出，信息产业投入产出表的编制首先应该确定两个对投入产出部门的判断标准：其产业划分是否属于信息产业，其部门划分属于"纯粹"信息部门还是"非纯粹"信息部门。其次是确定"非纯粹"信息部门的分离系数。进一步指出，"非纯粹"信息部门又可以分为两类，第一类是不可分割信息活动的行业，如卫生行业，由于该类行业的生产和服务基本活动中包含信息活动部分，可以对其使用假定分配系数法，即取 $p_i = 50\%$。第二类是可分割信息活动的行业，进一步细分为两小类，一类是非"纯粹"信息行业，如建筑、商业等行业，这些行业的产品或服务中投入信息部门的部分构成信息资产和服务，成为信息产业的一部分，如教育事业中的信息建筑；未投入信息产业中的部分，则不构成信息产品，如工业部门中投入的厂房，这种情况下应使用迭代系数法对其进行估计。另一类是非"纯粹"信息行业，如有机化学产品制造等，这些部门中的部分产品可归类为信息产业产品，如涂料、磁性记录材料等，应当采用抽样调查或典型调查法，对于间接信息部门的估计则建议使用就业人数法。

在对我国信息产业进行分类的研究中，吴先锋和吴伟（2006a）参考波拉特分类方法，采用假定分配系数法和迭代系数法对一级信息部门进行了分类，其中非纯粹信息部门，如卫生、体育、保险娱乐等部门，由于其信息活动与非信息活动不可分割，令其分离系数 $p_i = 50\%$。对二级信息部门（间接信息部门）则采用典型调查法，估算其信息产业增加值。2007 年在两位学者发表的《论信息经济投入产出分析中的数学方法》一文中，更进一步阐述了信息产业分离方法，并建议对一级信息部门使用直接分离法、类比法和迭代系数法，同时建议对二级信息部门采用典型调查法。

　　工欲善其事，必先利其器。我们认为，只有准确地确定分离系数，才能科学准确地测定信息产业增加值等指标，同时应做到具体问题具体分析，针对不同的信息产业部门采取不同的分离方法。通过对上述方法进行综合比较，发现直接分离法准确、简便、易操作，适合"纯粹"信息产业部门的分离；在上述假设（间接信息劳动者与相类似的直接信息劳动者有相同的平均劳动生产率，且相同信息产值的投入构成也相同）的前提下，采用假设与典型调查法结合的方法可以比较准确计算"非纯粹"信息部门的分离系数。由于现代信息产业的分类方法显著区别于以往学者普遍赞同的波拉特分类体系，参考本书理论阐述中提出的信息产业分类，同时考虑我国统计数据调查体系中数据获得的难易度及实际可操作性，我们认为，对于投入产出部门中全部属于信息产业的部门，即纯粹信息部门，采用直接分离法进行测算，令其 $p_i = 100\%$；对于部分属于信息产业的部门，即非纯粹信息部门，采取比例因子漂移法及就业人数法。

5.3　编制信息产业投入产出表步骤

1. 界定信息产业范围

　　首先，我们结合第二章提到的我国信息产业分类与我国的投入产出表，对投入产出表中的"纯粹"信息部门、"非纯粹"信息部门和非信息部门单独进行分析，我国信息产业投入产出部门，如表 5-2 所示。

表 5-2　我国信息产业投入产出部门

"纯粹"信息部门	"非纯粹"信息部门
印刷业和记录媒介的复制业	批发和零售贸易业
通信设备制造业	租赁业
电子计算机整机制造业	文化艺术和广播电影电视业
其他电子计算机设备制造业	体育事业
电子元器件制造业	娱乐业
家用视听设备制造业	

续表

"纯粹"信息部门	"非纯粹"信息部门
其他通信、电子设备制造业	
信息传输服务业	
计算机服务和软件业	

在计算合并时，我们将"纯粹"信息部门直接相互加减即可。对于"非纯粹"信息部门，我们则要将其中的信息产值剥离出来，也就是确定部门中信息产值所占的权重 p_{ij} 大小，然后再进行相互加减计算，进一步得出信息产业各部门产值。

2. 确定信息部门分离系数

根据以上分离系数的方法分析，结合 2010 年信息产业投入产出延长表（40部门）可得出 2010 年我国投入产出部门的信息产值分离方法，如表 5-3 所示。

表 5-3　信息部门产值分离方法

投入产出表部门	信息与通讯技术制造业	信息与通讯技术服务业	信息内容与媒介制造	信息内容与媒介服务	分离系数方法
造纸印刷及文教体育用品制造业			部分		就业人数法
通信设备、计算机及其他电子设备制造业	部分		部分		就业人数法
信息传输、计算机服务和软件业		全部			直接分离法
批发和零售贸易业		部分		部分	就业人数法和比例因子漂移法
租赁和商务服务业		部分		部分	就业人数法和比例因子漂移法
文化、体育和娱乐业				部分	就业人数法
居民服务和其他服务业		部分		部分	就业人数法和比例因子漂移法

3. 分离系数方法的实际应用

我们通过查找资料，使用 2010 年人口普查数据，结合 2002 年我国国民经济行业分类，计算分离系数。但是我们发现人口普查数据中最细的分类是行业中类的就业人数和职业小类的职业人数，对某些信息产业部门所涉及行业的小类及职业的细类，其相关数据无法获取，因此对于这些行业小类部门的分离系数采用比例因子漂移法。2010 年人口普查行业就业数据如表 5-4 所示。

表 5-4　2010 年人口普查行业就业数据

投入产出部门（非纯粹信息产业）	就业人数	行业中类部门	就业人数
造纸印刷及文教体育用品制造业	636 698	造纸及纸制品业	211 748
		印刷业和记录媒介的复制	165 900
		文教体育用品制造业	259 050
通信设备、计算机及其他电子设备制造业	888 798	通信设备制造	104 810
		广播电视设备制造	7 869
		电子计算机制造	102 307
		电子器件制造	203 467
		电子元件制造	381 012
		家用视听设备制造	51 845
批发和零售贸易业	6 656 937	文化体育用品及器材批发	33 844
		机械设备、五金交电及电子产品批发	160 743
		文化体育用品及器材专门零售	141 898
		家用电器及电子产品专门零售	363 655
租赁和商务服务业	491 322	机械设备租赁	33 165
		文化及日用品出租	6 345
文化、体育和娱乐业	324 501	新闻出版业	54 136
		广播、电视、电影和音像业	69 010
		文化艺术业	51 070
		图书馆与档案馆	8 377
居民服务和其他服务业	1 387 990	修理与维护	391 270

根据 2010 年的人口普查数据（行业中类就业人口和职业小类就业人口），进一步结合 2002 年的国民经济行业分类及 2010 年国家统计局编制的投入产出延长表得到表 5-5，即 2010 年信息产业分离系数表。

表 5-5　2010 年信息产业分离系数表

投入产出表部门	信息与通讯技术制造业	信息与通讯技术服务业	信息内容与媒介制造	信息内容与媒介服务
造纸印刷及文教体育用品制造业			$p = 0.261$	
通信设备、计算机及其他电子设备制造业	$p = 0.891$		$p = 0.067$	
信息传输、计算机服务和软件业		$p = 1$		

续表

投入产出表部门	信息与通讯技术制造业	信息与通讯技术服务业	信息内容与媒介制造	信息内容与媒介服务
批发和零售贸易业		$p=0.032$		$p=0.018$
租赁和商务服务业		$p=0.014$		$p=0.006$
文化、体育和娱乐业				$p=0.405$
居民服务和其他服务业		$p=0.035$		$p=0.035$

4. 编制信息产业投入产出方法

编制信息投入产出表的重要准备工作，就是计算"全口径"投入产出表第 i 部门产值中的信息投入产出在第 j 部门产值中所占的比重 p_{ij}，即分离系数。之后计算"全口径"投入产出表中所有部门的转换系数，即可得到从"全口径"投入产出部门到信息投入产出部门的 $N \times N$ 转换系数矩阵：

$$\boldsymbol{P}=\left(p_{ij}\right)P=\begin{bmatrix} p_{11} & p_{12} & \cdots & p_{1N} \\ p_{21} & p_{22} & \cdots & p_{2N} \\ \cdots & \cdots & \cdots & \cdots \\ p_{n1} & p_{n2} & \cdots & p_{nN} \end{bmatrix}$$

其中，p_{ij} 满足下列条件：

（1）$0 \leqslant p_{ij} \leqslant 1$，$i=1,2,\cdots,n$；$j=1,2,\cdots,N$。（其中 n 表示"全口径"投入产出表的部门数，N 表示信息投入产出表的部门数）。

（2）矩阵 $\boldsymbol{P}$ 每行之和都为 1，即 $\sum_{j=1}^{N} p_{ij}=1$，$i=1,2,\cdots,n$。

（3）纯粹信息产业部门中 $p_{ij}=1$。

记"全口径" n 个部门投入产出表第Ⅰ象限中间使用数据为 $\tilde{X}$，第Ⅱ象限最终使用数据记为 $\tilde{F}$，第Ⅲ象限最初投入数据矩阵记为 $\tilde{V}$。记 $N \times N$ 信息投入产出表第Ⅰ象限中间使用数据为 X，第Ⅱ象限最终使用数据记为 F，第Ⅲ象限最初投入数据矩阵记为 V。将"全口径"投入产出表转换为信息投入产出表，首先要进行行分解，再进行相应的列分解，最后将相应的行、列进行合并，得到如下关系式：

$$X=P^{\mathrm{T}}\tilde{X}P$$
$$F=P^{\mathrm{T}}\tilde{F}$$
$$V=\tilde{V}P$$

其中，T 为矩阵转置，本书主要使用 Matlab 软件（一款操作简单方便的统计软件）对数据进行处理，计算得 $N \times N$ 信息投入产出表。

5. 编制信息产业简表

按照上面得到的信息产业分类，我们将信息产业分为四部分，包括信息技术制造业、信息技术服务业、信息内容制造业和信息内容服务业，并在调整 2010 年中国投入产出表之后得到信息产业投入产出简表（表5-6）。

表 5-6　中国信息产业投入产出简表

产业名称	第一产业	第二产业	第三产业	信息技术制造业	信息技术服务业	信息内容制造业	信息内容服务业	最终使用	总产出
第一产业									
第二产业									
第三产业									
信息技术制造业									
信息技术服务业									
信息内容制造业									
信息内容服务业									
增加值									
总投入									

信息产业投入产出简表中值得注意的是，表中的第一产业、第二产业、第三产业是由原投入产出表中相应产业部门去掉信息产业部门后得到的第一产业、第二产业和第三产业。

6. 进行产业经济学分析

利用上面编制的六部门信息产业投入产出表,对信息产业的增加值进行测算,进一步通过投入产出矩阵进行计算,得出信息产业的分配系数、直接消耗系数、产业影响力、产业感应度等指标。通过对这些经济指标进行分析,可以全面、真实地反映信息产业现状及其对国民经济的影响。

5.4　信息产业整体投入产出实践应用研究

根据以上的分类和产业分离方法,以及投入产出编表方法,结合国家统计局发布的 2010 年投入产出延长表,得到我国 2010 年的信息产业投入产出表（表5-7）。

表 5-7　2010年中国信息产业投入产出表

产业部门	第一产业	第二产业	第三产业	信息技术制造业	信息技术服务业	信息内容制造业	信息内容服务业	最终使用	总产出
第一产业	92 202 499.58	402 155 982.9	42 121 755.69	0	58 732.043 14	2 439 556.208	150 551.005 6	172 935 162.5	693 198 000
第二产业	150 658 413.9	4 967 619 011	630 058 607.1	133 050 896.5	30 494 871.82	40 814 188.53	7 402 595.002	2 980 799 070	8 174 097 292
第三产业	41 838 679.08	793 554 346	522 158 069.3	53 316 053.78	37 353 067.15	9 095 852.125	5 876 076.263	1 421 864 478	2 840 130 857
信息技术制造业	59 807.362 56	73 512 835.39	23 957 359.17	217 321 147	9 291 838.484	16 766 718.55	289 080.473 6	303 457 400.5	504 017 387.8
信息技术服务业	2 632 084.981	46 554 559.05	30 854 331.05	4 995 304.763	7 812 596.72	556 219.536 2	285 206.044 7	94 419 701.98	189 647 997.9
信息内容制造业	155 388.623 3	33 245 469.69	15 878 254.04	17 327 263.26	2 194 173.838	5 410 027.885	673 175.740 3	31 450 777.6	92 171 687.54
信息内容服务业	315 126.461 9	7 846 770.811	8 087 466.523	508 391.336 6	620 193.754	90 259.689 83	298 112.638 2	17 086 018.09	33 185 498.61
增加值	405 336 000	1 849 608 318	1 567 015 014	77 498 331.14	101 822 524.1	16 998 865.02	18 210 701.44		
总投入	693 198 000	8 174 097 292	2 840 130 857	504 017 387.8	189 647 997.9	92 171 687.54	33 185 498.61		

5.4.1　信息产业结构分析

1. 各产业增加值的结构系数

由表 5-8 可以看出，传统意义上的第一产业、第二产业、第三产业占 GDP 的比重分别为 10%、45.8%、38.8%。信息产业整体占 5.4%，其中信息技术服务业占比最大，为 2.5%，其次为信息技术制造业。信息内容制造业和信息内容服务业规模都较小，信息内容产业整体为 1%。以上数据说明目前我国还是以第二产业为主导产业，信息产业的规模较小，对国民经济整体的影响微弱，需加大对信息产业发展的扶持力度，进一步对我国的产业结构进行升级改造，加快由工业主导向服务业主导的产业发展。

表 5-8　中国各产业增加值比重表

产业部门	第一产业	第二产业	第三产业	信息产业				
				信息技术制造业	信息技术服务业	信息内容制造业	信息内容服务业	合计
增加值占比重	10%	45.8%	38.8%	1.9%	2.5%	0.4%	0.6%	5.4%

2. 投入结构使用分析

由表 5-9 可以看出，信息产业整体的中间投入为 73.81%，仅次于第二产业，这说明信息产业对其他部门的中间投入消耗较大，而信息产业自身的附加值较低。具体来看，信息技术制造业和信息内容制造业的中间投入率都高于 80%，相对国民经济的其他产业来说，资源消耗较大，同时信息制造业整体技术水平不高。而信息技术服务业和信息内容服务业中间投入率相对较低，对国民经济资源的消耗较低，产业附加值较高，需大力发展。

表 5-9　中国信息产业中间投入率

产业部门	第一产业	第二产业	第三产业	信息产业				
				信息技术制造业	信息技术服务业	信息内容制造业	信息内容服务业	整体
中间投入率	41.53%	77.37%	44.83%	84.62%	46.31%	81.56%	45.12%	73.81%

3. 产品使用结构

1）分配结构系数

从表 5-10 来看，信息产业整体的中间使用所占比例为 54%，说明信息产业在接受其他产业投入的同时，也向其他产业提供产品和服务，对于国民经济的拉动和推动发挥着同样重要的作用。从具体数据来看，第一产业、信息内容制造业及第二产业的产出在国民经济的中间使用中占较大比重，因此对国民经济的发展具有较强的推动作用。而信息技术制造业、信息技术服务业、信息内容服务业及第三产业的产出各自大约有 50% 投入到了国民经济的中间使用环节，说明这些部门的产品更多流向了最终使用环节，即消费环节、资本形成、出口过程。

表 5-10　中国信息产业分配系数

产业部门	中间使用	最终使用
第一产业	75%	24%
第二产业	67%	33%
第三产业	51%	49%
信息技术制造业	53%	47%
信息技术服务业	50%	50%
信息内容制造业	70%	30%
信息内容服务业	51%	49%
信息产业合计	54%	46%

2）最终使用结构系数

从表 5-11 可以看出，在最终使用环节，第三产业、信息内容服务业、第一产业、信息技术服务业更多形成最终消费，其中信息技术服务业主要用于居民消费，说明这些部门的产品与居民的生活更加密切，对消费具有较强的促进作用。第二产业更多地流向了资本形成，体现了制造业产品主要用于其他部门的生产资料的特征。而信息技术制造业和信息内容制造业更多地用于出口环节，说明我国的信息技术具备了一定的国际竞争力，具有很大的发展空间。

表 5-11　中国信息产业最终使用分配情况

产业部门	最终消费			资本形成总额			出口
	居民最终消费	政府消费支出	总计	固定资本形成总额	存货增加	总计	
第一产业	0.703 75	0.028 78	0.732 53	0.196 3	0.022 33	0.218 63	0.048 84
第二产业	0.202 6	0	0.202 6	0.532 53	0.029 58	0.562 11	0.235 29
第三产业	0.448 67	0.358 46	0.807 13	0.080 95	0	0.080 95	0.111 91
信息技术制造业	0.073 62	0	0.073 62	0.195 96	0.022 05	0.218 01	0.708 37

产业部门	最终消费			资本形成总额			出口
	居民最终消费	政府消费支出	总计	固定资本形成总额	存货增加	总计	
信息技术服务业	0.521 4	0.001 09	0.522 49	0.373 19	0	0.373 19	0.104 32
信息内容制造业	0.117 13	0	0.117 13	0.143 27	0.037 32	0.180 59	0.702 28
信息内容服务业	0.486 84	0.289 92	0.776 76	0.030 51	0	0.030 51	0.192 73

5.4.2　信息产业宏观经济效益分析

1. 信息产业与非信息产业经济效益比较

经济效益可以用劳动所得与劳动所费的对比比值，或者投入与产出之比来表示。宏观经济效益是从整个国民经济层面考察经济效益，提高国民经济效益，要求国家用最少的社会消耗和占用，去创造尽可能多的符合社会需要的成果。投入产出表的纵列指标反映社会生产过程中的投入，因此宏观经济效益分析主要利用投入产出表的纵向指标，通过与产出指标如净产出、税收等，以及与其相对应的投入指标，如物质消耗、成本、人工投入等进行对比分析，以揭示该产业经济效益的形成过程。

宏观经济的效益分析主要选用如下指标：总投入利税率 (M_j/X_j)；中间投入利税率 (M_j/C_j)；净产值率 (N_j/X_j)；物耗产值率 $(X_j/(C_j+D_j))$；物耗净产值率 $(N_j/(C_j+D_j))$；物耗利税率 $(M_j/(C_j+D_j))$；成本产值率 $(X_j/(C_j+D_j+V_j))$；成本净产值率 $(N_j/(C_j+D_j+V_j))$；成本利税率 $(M_j/(C_j+D_j+V_j))$；报酬产值率 (X_j/V_j)；报酬净产值率 $((V_j+M_j)/V_j)$；报酬利税率 (M_j/V_j)。其中，C_j 为第 j 部门的物质消耗合计；D_j 为固定资产折旧；V_j 为劳动者报酬；X_j 为总产出；M_j 为社会纯收入，包括生产税净额及营业盈余；N_j 为社会净产出，即劳动者报酬与社会纯收入的总和。

由表 5-12 可以看出，信息产业的总投入利税率和中间投入利税率均低于非信息产业，说明信息产业的投入虽然很大，但获得的利税回报却较少。同时信息产业的净产值率也明显不及非信息产业，说明我国在生产信息产品时需要消耗较高的中间产品，却只能换取较低的产出。只有报酬产值率、报酬净产值率及报酬利税率这几个指标的比较中，信息产业高于非信息产业，这是由于信息产业属于知识密集、资本密集及技术密集型产业，对于科技和从业人员知识水平的要求更高，而对就业人口数量的要求与其他产业相比要少。信息产业的其他指标均低于非信息产业，说明传统的三次产业仍然是国民经济发展的主要力量，信息产业的发展道路十分困难，过程中存在很多问题，首要解决的问题就是要以提高信息产业的经济效益为中心，进一步带动相关产业的升级。

表 5-12　中国信息产业与非信息产业经济效益比较

经济效益指标	信息产业	非信息产业	信息产业/非信息产业
总投入利税率	0.108 22	0.126 83	85.33%
中间投入利税率	0.146 63	0.188 30	77.87%
净产值率	0.212 20	0.282 71	75.06%
物耗产值率	1.269 36	1.394 13	91.05%
物耗净产值率	0.269 36	0.394 13	68.34%
物耗利税率	0.137 37	0.176 82	77.69%
成本产值率	1.121 36	1.145 25	97.91%
成本净产值率	0.237 95	0.323 77	73.49%
成本利税率	0.121 36	0.145 25	83.55%
报酬产值率	9.617 65	6.415 27	149.92%
报酬净产值率	2.040 86	1.813 64	112.53%
报酬利税率	1.040 86	0.813 64	127.93%

2. 信息产业内部经济效益比较

从表 5-13 可以看出，信息技术业的总投入利税率、中间投入利税率、物耗利税率全部高于信息内容业，说明信息技术业每单位投入所获得的社会纯收入（生产税净额和营业盈余）更多。但信息技术业的净产值率要低于信息内容产业，说明信息技术业的每单位产出的劳动者报酬相对较低。信息技术业的物耗产值率和物耗净产值率要低于信息内容业，说明信息技术业对固定资本的消耗速度要快于信息内容业，这是因为信息技术的更新换代速度快，同时也与信息技术业的产业特点相符合。除报酬产值率以外，信息技术服务业和信息内容服务业的指标要明显高于信息技术制造业和信息内容制造业，说明信息服务业相对于信息制造业在同等投入的条件下获得的产出更高，但对劳动者数量的需求也更多，对就业的促进作用更大，所以应该大力发展信息服务业。不过信息制造业的报酬产值率高，说明信息制造业的每单位劳动力创造的效益比信息服务业大。

表 5-13　中国信息产业内部经济效益比较

经济效益指标	信息技术业			信息内容业			信息技术/信息内容
	信息技术制造业	信息技术服务业	合计	信息内容制造业	信息内容服务业	合计	
总投入利税率	0.046 93	0.271 19	0.318 13	0.069 57	0.215 10	0.284 67	111.75%
中间投入利税率	0.055 46	0.585 61	0.641 07	0.085 30	0.476 67	0.561 98	114.07%
净产值率	0.128 24	0.415 78	0.544 01	0.154 39	0.484 58	0.638 97	85.14%
物耗产值率	1.147 10	1.711 68	2.858 78	1.182 58	1.940 15	3.122 73	91.55%
物耗净产值率	0.147 10	0.711 68	0.858 78	0.182 58	0.940 15	1.122 73	76.49%
物耗利税率	0.053 84	0.464 19	0.518 03	0.082 27	0.417 32	0.499 59	103.69%
成本产值率	1.049 25	1.372 10	2.421 35	1.074 77	1.274 04	2.348 81	103.09%
成本净产值率	0.134 55	0.570 49	0.705 04	0.165 94	0.617 37	0.783 31	90.01%
成本利税率	0.049 25	0.372 10	0.421 35	0.074 77	0.274 04	0.348 81	120.80%
报酬产值率	12.300 04	6.916 35	19.216 3	11.789 16	3.710 87	15.500 03	123.98%
报酬净产值率	1.577 30	2.875 66	4.452 96	1.820 16	1.798 20	3.618 36	123.07%
报酬利税率	0.577 30	1.875 66	2.452 96	0.820 16	0.798 20	1.618 36	151.57%

5.4.3　信息产业依存度分析

1. 直接依存关系

直接消耗系数矩阵的数据（表 5-14）显示，信息技术制造业更依赖于自身的投入，其次是第二产业，对于其他产业尤其是第一产业、信息技术服务业及信息内容服务业的依赖性较弱。各产业对于信息技术制造业的依赖度除信息技术制造业自身最大之外，其余各产业对信息制造业的依赖性都很弱，其中依赖性最低的三个产业依次是第一产业、第三产业、信息内容服务业。这说明信息技术制造业是知识密集、高技术、门槛较高的产业，其发展主要依赖于自身技术的不断更新和第二产业制造业水平的提高。

表 5-14　中国信息产业直接消耗系数

产业部门	第一产业	第二产业	第三产业	信息技术制造业	信息技术服务业	信息内容制造业	信息内容服务业
第一产业	0.133 01	0.049 20	0.014 83	0.000 00	0.000 31	0.026 47	0.004 54
第二产业	0.217 34	0.607 73	0.221 84	0.263 98	0.160 80	0.442 81	0.223 07
第三产业	0.060 36	0.097 08	0.183 85	0.105 78	0.196 96	0.098 68	0.177 07

续表

产业部门	第一产业	第二产业	第三产业	信息技术 制造业	信息技术 服务业	信息内容 制造业	信息内容 服务业
信息技术制造业	0.000 09	0.008 99	0.008 44	0.431 18	0.049 00	0.181 91	0.008 71
信息技术服务业	0.003 80	0.005 70	0.010 86	0.009 91	0.041 20	0.006 03	0.008 59
信息内容制造业	0.000 22	0.004 07	0.005 59	0.034 38	0.011 57	0.058 70	0.020 29
信息内容服务业	0.000 45	0.000 96	0.002 85	0.001 01	0.003 27	0.000 98	0.008 98

信息技术服务业对第三产业的依赖性最强，第二产业次之，对第一产业的依赖性最弱。其他各产业中对信息技术服务业依赖性最大的就是信息技术服务业自身，对于信息技术制造业的依赖次之。由于信息技术服务业也属于服务业的一种，其发展对自身和第三产业（服务业）的发展具有很大的促进作用。

传统信息产业部门包含两个重要的组成部分，即信息内容制造业和信息内容服务业，其中信息内容制造业作为制造业的一种，对第二产业的依赖性最强，信息技术制造业次之，而对于属于服务业的信息内容服务业的依赖性最弱。其他各产业中信息内容制造业对自身的依赖性最大。信息内容服务业则更明显依赖于第二产业，第三产业次之，对第一产业的依赖性最弱，考察其他各产业对信息内容服务业的依赖性，我们发现信息内容服务业对自身的依赖最大，说明信息内容产业的发展主要受自身和第二产业的设备供给及第三产业的消费带动影响。

由表 5-15 可以看出，信息产业对信息产业自身的依赖性最强，第二产业和第三产业次之，对第一产业的依赖性最弱。由此可以得出，信息产业的发展更多地依赖于自身技术的更新和产业的不断完善，这是信息产业的技术密集型特征使然，更深一步分析，信息产业同时需要第二产业的设备制造和供给及第三产业的消费带动。相比其他各产业对信息产业的依赖性，信息产业对自身的依赖程度最强，第二产业和第三产业次之，第一产业最弱。可见，信息产业在很大程度上影响信息产业本身及第三产业的发展，而对农业发展的影响较小。

表 5-15　中国四部门直接消耗系数表

产业部门	第一产业	第二产业	第三产业	信息产业
第一产业	0.133 01	0.049 20	0.014 83	0.003 23
第二产业	0.217 34	0.607 73	0.221 84	0.258 56
第三产业	0.060 36	0.097 08	0.183 85	0.128 98
信息产业	0.004 56	0.019 72	0.027 74	0.347 29

2. 完全依存关系

从表 5-16 整体可以看出，对第二产业的完全消耗系数远高于国民经济各产业部门中的其他产业，说明第二产业在我国产业部门中依然发挥主导作用，是我国经济的主体部门。考察表中的完全消耗系数可看出，第二产业对信息产业四部门的数值最大，远超第一与第三产业，这表明第二产业具有最高的信息化程度。另外，考察信息产业各部门对传统三次产业的消耗系数不难看出，信息产业部门对第二产业的消耗远高于其他产业。一方面，这说明信息产业对于第二产业具有很强的依赖性；另一方面，也证明了信息化对工业化具有促进作用，说明在经济发展中采用以信息化带动工业化的道路是合理且正确的。

表 5-16　中国各产业部门完全消耗系数

产业部门	第一产业	第二产业	第三产业	信息技术制造业	信息技术服务业	信息内容制造业	信息内容服务业
第一产业	0.202 18	0.173 33	0.071 91	0.103 48	0.051 46	0.143 27	0.061 65
第二产业	0.798 59	1.930 62	0.853 89	1.643 56	0.776 01	1.814 09	0.874 18
第三产业	0.190 28	0.377 75	0.345 08	0.457 58	0.369 28	0.415 21	0.341 95
信息技术制造业	0.018 52	0.059 62	0.039 67	0.818 43	0.115 88	0.384 93	0.045 46
信息技术服务业	0.011 91	0.023 14	0.021 14	0.034 68	0.053 35	0.026 91	0.019 03
信息内容制造业	0.005 73	0.017 50	0.013 51	0.076 79	0.022 85	0.087 18	0.029 51
信息内容服务业	0.001 94	0.004 16	0.004 85	0.005 00	0.005 45	0.004 57	0.011 06

从信息产业各部门来看，信息技术制造业、信息技术服务业、信息内容制造业及信息内容服务业对于信息技术制造业的消耗都是最大的，信息技术制造业在信息产业的发展中起关键作用，占主导地位。除了信息技术制造业以外，信息技术服务业和信息内容制造业对自身的消耗相对较大，信息内容服务业对信息内容制造业消耗较大。可以看出，尽管在信息产业中信息生产资料的投入相对较大，然而对信息资源的利用程度却相对较小。

3. 产业关联度分析

产业关联分为产业前向关联和后向关联两种，其中后向关联是指一个产业对那些向其提供产品或服务的产业的影响，常用直接消耗系数来分析产业的后向关联效应。因此我们利用 2010 年的投入产出延长表计算了 40 部门的直接消耗系数，将与信息产业联系最密切的产业按照直接消耗系数的大小进行降序排序（表 5-17）。

表 5-17　中国信息产业直接消耗系数排序

排序	产业部门	直接消耗系数
1	通信设备、计算机及其他电子设备制造业	0.333 908
2	化学工业	0.056 066
3	电气、机械及器材制造业	0.035 247
4	造纸印刷及文教体育用品制造业	0.034 064
5	批发和零售贸易业	0.030 190
6	金融业	0.025 130
7	交通运输及仓储业	0.022 504
8	金属冶炼及压延加工业	0.021 495
9	租赁和商务服务业	0.020 480
10	仪器仪表及文化办公用机械制造业	0.020 066

产业的前向关联可用直接分配系数表示，其定义是，某部门的产品分配给另一部门作为中间产品直接使用的价值占该部门总产品的比例（表 5-18）。

表 5-18　中国信息产业直接分配系数排序

排序	产业部门	直接分配系数
1	通信设备、计算机及其他电子设备制造业	0.276 739
2	电气、机械及器材制造业	0.030 591
3	建筑业	0.020 140
4	信息传输、计算机服务和软件业	0.019 787
5	租赁和商务服务业	0.019 317
6	造纸印刷及文教体育用品制造业	0.018 744
7	通用、专用设备制造业	0.017 821
8	仪器仪表及文化办公用机械制造业	0.016 739
9	金融业	0.012 718
10	公共管理和社会组织	0.009 766

根据产业的前、后关联分析，可以绘制出一幅完整的产业链图，并以信息产业为核心，如图 5-1 所示。

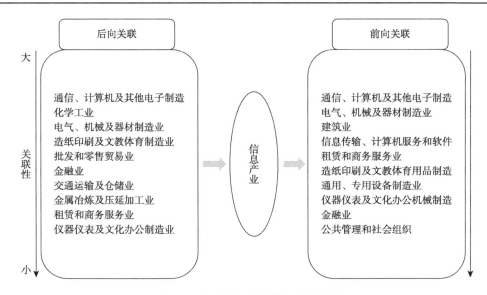

图 5-1　中国信息产业的产业关联图

5.4.4　部门间的技术经济联系分析

根据投入产出表的结构和经济技术的关系，投入产出表的横向数据反映了某一部门的产出在国民经济其他部门之间分配及使用的情况。如果某一部门的产出更多地用于中间投入，且被广泛分配到各部门，那么它在国民经济系统中就具有很大的感应效果；投入产出表纵向数据反映某一部门产出在生产过程中的消耗情况。如果某一部门在生产过程中更多地消耗了其他部门的产出，且产出所需产品部门的数量较多，那么它对投入产出表中其他产业部门的依赖性就大；从另一角度来看，该部门的发展对整个国民经济的带动具有同样大的作用。通常可以用影响力系数和感应度系数这两个指标，从数量上准确分析感应效果和带动作用的大小。

1. 影响力系数

由表 5-19 可以看出，对我国经济影响力较大的三个部门依次是信息技术制造业、信息内容制造业和第二产业，其影响力系数分别为 1.38、1.29 和 1.20，高于社会平均影响力水平，说明工业在我国经济中依然占主体地位，与此同时信息制造业超过了传统第二产业，在我国的经济发展中起到关键作用，因此信息技术制造业和信息内容制造业有必要大力发展，发挥它们对整个国民经济的带动作用。而信息技术服务业和信息内容服务业对经济的影响力低于社会平均水平，考虑到目前国内需求不足，影响力系数越高的产业对于保持国民经济的快速增长具有更大的作用，因此应该大力发展信息技术制造业和信息内容制造业，使其成为国民经济发展的主导产业。

表 5-19　中国信息产业影响力系数表

产业部门	第一产业	第二产业	第三产业	信息产业			
				信息技术制造业	信息技术服务业	信息内容制造业	信息内容服务业
影响力系数	0.744 53	1.197 76	0.784 92	1.382 60	0.799 69	1.294 64	0.795 87

2. 感应度系数

从表 5-20 可以看出，第二产业和第三产业的感应度系数高于其他产业，分别为 3.24 和 1.17，高于社会的平均水平，说明国民经济其他部门对这两个部门具有较强的拉动作用，同时对这两个部门的依赖性也较强。信息产业整体的感应度系数明显低于社会平均水平，同时其内部各部门的感应度系数均低于社会的平均水平，其中较高的是信息技术制造业，其他各部门都低于 0.5，说明国民经济对信息产业的拉动作用尚不显著，信息产业主要依靠自身来实现技术进步和发展。

表 5-20　中国信息产业感应度系数表

产业部门	第一产业	第二产业	第三产业	信息产业			
				信息技术制造业	信息技术服务业	信息内容制造业	信息内容服务业
感应度系数	0.603 63	3.236 77	1.168 04	0.829 15	0.397 51	0.418 53	0.346 37

3. 交叉关联分析

通过判断影响力系数和感应度系数的取值是否大于 1，可将产业划分为四种类型：第一类是中间投入型基础产业，感应度系数大，影响力系数小；第二类是中间投入型制造业，感应度系数和影响力系数同样大；第三类是最终需求型制造业，感应度系数小，影响力系数大；第四类是最终需求型基础产业，感应度系数和影响力系数同样小。我们以影响力系数为横轴，以感应度系数为纵轴，以 1 为分界线做出系数交叉图，如图 5-2 所示。

由图 5-2 可以看出，信息技术制造业和信息内容制造业同属最终需求型制造业，以中间消耗的初级产品的生产为主，能有效促进国民经济其他部门的发展，且在国民经济中的瓶颈地位比较突出，应该大力发展；信息技术服务业和信息内容服务业属于最终需求型基础产业，以最终初级产品生产为主，其发展前景巨大。

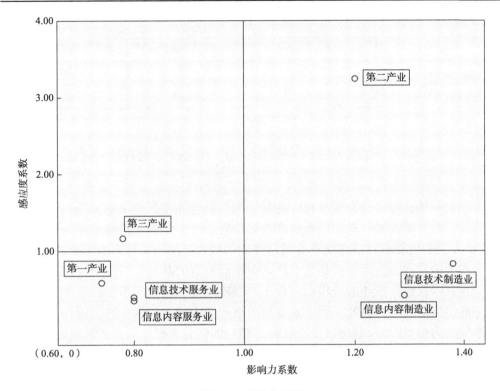

图 5-2　系数交叉图

4. 最终需求生产诱发系数

从表 5-21 可以看出，当前我国信息产业的规模相对较小，各项最终需求所引起的生产额也较小，因此各最终需求部门对信息产业的生产诱发系数同样较小。具体来看，信息产业中以信息技术制造业的生产诱发系数为最大，平均每增加 1 单位的最终消费能够为信息技术制造业增加 0.067 的产值，1 单位的资本形成增加信息技术制造业 0.12 的产值，1 单位的出口增加 0.40 的产值，说明我国信息技术制造业可以利用其技术水平的优势，通过拉动出口创造价值。

表 5-21　中国信息产业生产诱发系数

产业部门	最终消费合计	资本形成总额合计	出口
第一产业	0.175 76	0.182 67	0.151 26
第二产业	1.496 93	2.678 49	2.324 98
第三产业	0.930 62	0.434 27	0.529 76
信息技术制造业	0.067 23	0.119 70	0.401 18
信息技术服务业	0.047 20	0.041 95	0.034 12

续表

产业部门	最终消费合计	资本形成总额合计	出口
信息内容制造业	0.017 30	0.022 30	0.049 43
信息内容服务业	0.011 25	0.004 48	0.007 38

5.5　信息产业内部投入产出实践应用研究

综上所述，可以看出信息化产业是国民经济整体发展中很重要的一部分，换句话说，只有把发展信息化产业放在首要位置，经济才能保持高质量的发展。与此同时，我们也能看到信息化产业对自身的依赖性要高于其对其他产业的依赖性，自身产业的发展和技术进步是信息化产业迅速发展的基础。但值得注意的是就目前而言我国信息化产业的规模相对较小，发展过程中存在许多不确定因素，为了更好地促进信息产业高效发展，需要对信息产业内部进行深入的剖析，找出信息产业发展的根本因素，利用信息产业内部结构的优化来提高信息产业发展的速度。

5.5.1　信息产业内部结构分析

1. 信息产业内部增加值结构

由表 5-22 可以看出，信息传输、计算机服务和软件业的增加值最大，占产业部门的 41.40%，其次为通信设备、计算机及其他电子设备制造业，占产业部门的 38.84%，两者合并占信息产业增加值的比重为 80.24%，因此二者可作为信息化产业的主体产业。信息产品租赁业和信息产品修理维护增加值规模较小，分别为 0.73% 和 1.99%，对信息化产业的发展影响不足，可适当选择忽略。

表 5-22　中国信息产业内部增加值结构

产业部门	造纸印刷用品制造业	通信设备、计算机及其他电子设备制造业	信息传输、计算机服务和软件业	信息产品批发和零售贸易业	信息产品租赁业	信息内容服务业	信息产品修理维护
增加值	11 171 269	83 325 927	88 819 468	15 277 459	1 557 005	10 108 135	4 271 159
占比	5.21%	38.84%	41.40%	7.12%	0.73%	4.71%	1.99%

2. 投入构成要素分析

从收入的角度对国内生产总值进行计算，它又包括四个部分，即劳动者报酬、生产税净额、固定资本折旧、营业盈余。总投入等于中间投入与增加值的和，在此我们将这五部分分别除以各自部门的总投入，得出表 5-23。

表 5-23　中国信息产业投入构成系数表

产业部门	中间投入率	劳动者报酬系数	生产税净额系数	固定资产折旧系数	营业盈余系数	增加值系数
造纸印刷用品制造业	79.42%	8.73%	3.36%	3.32%	5.18%	20.58%
通信设备、计算机及其他电子设备制造业	84.62%	8.13%	1.65%	2.55%	3.04%	15.38%
信息传输、计算机服务和软件业	47.34%	13.48%	3.96%	13.01%	22.20%	52.66%
信息产品批发和零售贸易业	28.98%	19.51%	19.35%	4.53%	27.63%	71.02%
信息产品租赁业	64.24%	18.99%	4.82%	9.23%	2.72%	35.76%
信息内容服务业	49.38%	28.85%	4.97%	7.72%	9.07%	50.62%
信息产品修理维护	48.76%	34.14%	4.72%	2.78%	9.61%	51.24%

从表 5-23 来看，通信设备、计算机及其他电子设备制造业，造纸印刷用品制造业和信息产品租赁业的中间投入率较高，都超过了 50%，通信设备、计算机及其他电子设备制造业的中间投入率更是高达 84%，说明这些产业的自身附加值较低，没有自身核心技术、缺乏自主创新能力，主要依赖于外界其他产业的提带中间投入。因此应加大对这些产业的技术投入，提高生产制造效率，引入技术人才，提高产业自身的自主创新能力，从根本上解决问题。从劳动者报酬系数来看，信息产品修理维护、信息内容服务业、信息产品批发和零售贸易业及信息产品租赁业的报酬率较高，劳动者报酬系数主要取决于两个因素：①劳动者的数量，②劳动者的工资，不论从哪个因素来说，这些产业应该是劳动主要转移的部门，对拉动就业具有较大的作用。从生产税净额系数来看，信息产品批发和零售贸易业远远高于其他信息化产业，达到了 19.35%，间接反映出产品的批发和零售是信息化产业链中必不可少同时也是极其重要的环节，应加大对此产业的关注。从固定资产折旧系数来看，信息服务业对固定资产的损耗要明显大于信息制造业，尤其是信息传输、计算机服务和软件业，信息产品租赁业和信息内容服务业较为显著。说明信息服务业对固定资产的充分利用提取率要高于信息制造业对固定资产的利用。从营业盈余系数来看，信息传输、计算机服务和软件业与信息产品批发和零售贸易业要明显高于其他产业，企业规模还未饱和，有较大提升发展的市场空间。从增加值系数来看，通信设备、计算机及其他电子设备制造业每一单位的投入得到的创新社会价值最小。

5.5.2　产品使用结构分析

在对投入产出表进行分析时，从产品使用角度进行分析，计算分配系数。所谓的分配系数是指一个部门所生产的产品用于中间使用和提供最终使用分别占总量的比重。2010 年信息部门的分配系数表，如表 5-24 所示。

表 5-24　2010 年中国信息产业分配系数表

产业部门	中间使用	最终使用
造纸印刷用品制造业	85.08%	14.92%
通信设备、计算机及其他电子设备制造业	52.93%	47.07%
信息传输、计算机服务和软件业	49.07%	50.93%
信息产品批发和零售贸易业	54.85%	45.15%
信息产品租赁业	69.21%	30.79%
信息内容服务业	47.21%	52.79%
信息产品修理维护	49.13%	50.87%

从表 5-24 来看，造纸印刷用品制造业、信息产品租赁业、信息产品批发和零售贸易业与通信设备、计算机及其他电子设备制造业更多的产品用于中间使用，产品的合成利用率较低，多作为中间过渡产品，不能完全体现出来，这些部门为其他部门的生产提供了大量原材料、过渡产品，国民经济的整体发展受到这些部门发展的显著制约，应该优先考虑这些部门的发展，带动整体信息产业发展。信息传输、计算机服务和软件业，信息产品修理维护和信息内容服务业更多地用于最终使用（最终产品），说明这些产业的产品与人们的生活关系更为密切，利用更为广泛。

我们知道最终消费与资本形成比例是国民经济中最重要的比例之一，我们也注意到，在信息产业出口的量也比较大，在此，我们将其放在一起讨论（表 5-25）。

表 5-25　中国信息产业最终产品结构比例表

产业部门	最终消费	资本形成	出口	净出口额
造纸印刷用品制造业	23.22%	8.17%	68.62%	负
通信设备、计算机及其他电子设备制造业	7.36%	21.80%	70.84%	负
信息传输、计算机服务和软件业	51.45%	40.33%	8.22%	负
信息产品批发和零售贸易业	49.46%	15.08%	35.47%	负

续表

产业部门	最终消费	资本形成	出口	净出口额
信息产品租赁业	41.18%	0.00%	58.82%	负
信息内容服务业	96.51%	0.00%	3.49%	正
信息产品修理维护	84.26%	0.00%	15.74%	正

从表 5-25 来看，信息内容服务业、信息产品修理维护的最终消费占比较高，达到 80% 以上，这些部门的产品与消费的关系最为密切，主要用于提高人民的生活质量，提升广大人民的社会幸福感。在目前国内需求不足的情况下，要大力发展这些产业以带动信息产业国内消费。信息产品租赁业、信息内容服务业和信息产品修理维护的资本形成为 0，说明这些部门的产品现在处于供不应求的状态，为解决该问题，适当扩大这些部门的生产规模是必要之路，但我们也注意到信息内容服务业和信息产品修理维护的流出比例都很低，说明服务质量和产品维修的技术并没有达到出口的高质量水平，仅适用于国内消费，局限性凸显出来，提醒我们在扩大规模的同时要提高技术，消除国内外的要求差异性。通信设备、计算机及其他电子设备制造业，造纸印刷用品制造业和信息产品租赁业的出口比例较高，说明这些产业具有一定的技术水平。但这些产业的净出口额为负，说明这些产业主要依靠进口来提供供给和提高自身技术，自主创新能力较低，信息化产业应该对自身的依赖性高于对其他产业的依赖，自身产业的发展和技术进步是信息化产业迅速发展的基础。因此需加大这些产业的技术投入，通过自主创新来提高自身技术，进一步扩大产业规模。

同时，我们也注意到信息传输、计算机服务和软件业部门的资本形成所占比例较高，产品过剩现象严重，应该加快部门产业结构调整，提高部门的产品质量。政府应该对这些部门的生产进行引导，各地区、各有关部门应该围绕扩大企业规模、提高产品档次、提高企业竞争力来开展工作，培育一批有实力、有竞争力、有影响力的大企业。

5.5.3　信息产业内部经济效益分析

把信息产业细分到具体的各产业部门，进一步分析信息产业内部各产业的经济效益状况（表 5-26）。

表 5-26　中国信息产业内部经济效益比较

经济效益指标	造纸印刷用品制造业	通信设备、计算机及其他电子设备制造业	信息传输、计算机服务和软件业	信息产品批发和零售贸易业	信息产品租赁业	信息内容服务业	信息产品修理维护
总投入利税率	0.085 38	0.046 93	0.261 68	0.469 81	0.075 34	0.140 45	0.143 28
中间投入利税率	0.107 50	0.055 46	0.552 77	1.621 27	0.117 27	0.284 44	0.293 85
净产值率	0.172 66	0.128 24	0.396 46	0.664 88	0.265 24	0.428 98	0.484 66
物耗产值率	1.208 69	1.147 10	1.656 90	2.983 99	1.360 99	1.751 26	1.940 45
物耗净产值率	0.208 69	0.147 10	0.656 90	1.983 99	0.360 99	0.751 26	0.940 45
物耗利税率	0.103 19	0.053 84	0.433 58	1.401 91	0.102 54	0.245 96	0.278 02
成本产值率	1.093 35	1.049 25	1.354 43	1.886 12	1.081 48	1.163 39	1.167 24
成本净产值率	0.188 78	0.134 55	0.536 98	1.254 04	0.286 85	0.499 08	0.565 71
成本利税率	0.093 35	0.049 25	0.354 43	0.886 12	0.081 48	0.163 39	0.167 24
报酬产值率	11.456 85	12.300 04	7.419 34	5.126 43	5.265 94	3.465 76	2.929 31
报酬净产值率	1.978 14	1.577 30	2.941 50	3.408 45	1.396 75	1.486 75	1.419 70
报酬利税率	0.978 14	0.577 30	1.941 50	2.408 45	0.396 75	0.486 75	0.419 70

从总投入利税率来看，信息产品批发和零售贸易业每单位投入所创造的社会纯收入（生产税净额+营业盈余）最高，其次为信息传输、计算机服务和软件业，信息产品修理维护，信息内容服务业。通信设备、计算机及其他电子设备制造业社会纯收入最低。间接反映出虽然通信和电子设备制造技术要求性高、成本高，但人们所能接受的价格不高导致该产业的社会纯收入低。从中间投入利税率和净产值率来看，信息产品批发和零售贸易业每单位中间投入创造的社会纯收入和社会净产出依然最高，其次为信息传输、计算机服务和软件业，信息产品修理维护和信息内容服务业。通信设备、计算机及其他电子设备制造业社会纯收入和净产出最低。说明信息产品批发和零售贸易业所创造的经济效益明显高于其他产业，通信设备、计算机及其他电子设备制造业虽然每单位的投入最大，但得到的经济成果效益最低，进一步说明我国虽然是制造业大国，制造业一般情况下只负责信息产品的加工，没有核心技术，所获利润较少，需要加大信息技术的投资力度，提高我国信息技术的自主创新能力，不要只做发达国家的代工厂。

从报酬产值率来看，通信设备、计算机及其他电子设备制造业和造纸印刷用品制造业遥遥领先，说明这两个行业对劳动者数量要求较少，劳动者获得工资较高，技术含量较高。信息内容服务业和信息产品修理维护的报酬产值率较低，劳动者工资相对较低，技术含量也低。

从整体来看，信息服务业中的各部门的经济效益明显要高于信息制造业中的各部门，由此可见，要加大信息服务业的发展，提高劳动者收入，增强劳动者的社会幸福感，尤其要重视信息产品批发和零售贸易业，信息传输、计算机服务和软件业的提高。

5.5.4　影响力系数和感应度系数分析

影响力系数是指国民经济某一个产品部门增加一个单位最终产品时，对国民经济各部门所产生的生产需求波及程度。影响力系数越大，该部门对其他部门的拉动作用也越大。感应度系数是指国民经济各部门每增加一个单位最终使用时，某一部门由此而受到的需求感应程度，也就是需要该部门为其他部门生产而提供的产出量。系数大说明该部门对经济发展的需求感应程度强，反之，则表示对经济发展需求感应程度弱。我们使用影响力系数和感应度系数来探究信息产业内部各产业之间的相互影响，得到表 5-27。

表 5-27　中国信息产业影响力系数和感应度系数

产业部门	造纸印刷用品制造业	通信设备、计算机及其他电子设备制造业	信息传输、计算机服务和软件业	信息产品批发和零售贸易业	信息产品租赁业	信息内容服务业	信息产品修理维护
影响力系数	0.913 46	1.565 78	0.971 90	0.845 74	0.942 46	0.876 59	0.884 08
感应度系数	0.960 23	1.790 71	0.904 03	0.835 90	0.831 29	0.832 55	0.845 28

从影响力系数来看，只有通信设备、计算机及其他电子设备制造业的系数大于1，对信息产业内部其他部门具有显著的影响，它主要为其他信息部门提供信息生产设备，应该优先发展，发挥对信息产业的推动作用，其次是信息传输、计算机服务和软件业。在目前国内需求不足的情况下，影响力系数越高的产业对其他产业的拉动作用越大，从而带动国民经济的增长速度，通信设备、计算机及其他电子设备制造业和信息传输、计算机服务和软件业应该成为信息产业发展的主导产业。

从感应度系数来看，只有通信设备、计算机及其他电子设备制造业的系数大于1，高于平均水平，说明信息产业其他部门对通信设备、计算机及其他电子设备制造业部门的拉动作用和依赖性较强。而信息产业其他部门的感应度系数均低于平均水平，较高的是造纸印刷用品制造业。

综上所述，发展信息产业的关键在加快通信设备、计算机及其他电子设备制造业部门的发展。

5.6　中国信息产业发展状况评价

通过对我国信息产业的分类、投入产出模型的研究分析，我们对我国 2010 年信息产业的发展状况有了全面的了解，得到以下几点结论。

1. 我国信息产业规模较小，自主创新能力较低，产业附加值较低

从整体来看，我国 2010 年信息产业规模较小，信息产业增加值仅占 GDP 的 5.4%，其中信息技术产业占 4.4%，信息内容产业仅占 1%。从信息产业内部来看，信息传输、计算机服务和软件业占比最大，为 41.4%，其次为通信设备、计算机及其他电子设备制造业，为 38.84%，它们为信息产业的主体产业。

从整体来看，信息产业的中间投入率相对较高，为 73.81%，仅次于第二产业，对资源的消耗较大，产业自身附加值较低，其中，信息技术制造业和信息内容制造业的中间投入较大，二者的中间投入率都高达 80% 以上。信息技术服务业和信息内容服务业中间消耗较低，产业附加值较高。从信息产业内部来看，造纸印刷用品制造业和通信设备、计算机及其他电子设备制造业对资源的消耗较高，产业缺乏核心技术，自主创新能力较低。

从整体来看，信息技术制造业和信息内容制造业的出口占最终使用的比重较大，都达到了 70%，我国信息制造业的技术水平较高。信息技术服务业和信息内容服务业更多地流向了最终消费，对消费带动作用较强，尤其是对居民消费。信息技术服务业和信息内容服务业的存货增加所占比例为 0，这两个部门的消费需求较大，产业规模相对较小。从信息产业内部来看，造纸印刷用品制造业和通信设备、计算机及其他电子设备制造业和信息产品租赁业主要靠出口拉动，但净出口额为负，这些产业主要依靠引进技术来提高自身技术。信息传输、计算机服务和软件业与信息产品的批发和零售行业主要靠最终消费拉动。信息内容服务业和信息产品修理维护的产品 80% 都流向了最终消费，且净出口额为正，产业需求较大，需依靠国外进口。

2. 我国信息产业的经济效益低于国民经济其他产业

从整体来看，相对于其他产业，我国信息产业的生产消耗偏高，产出相对偏低，只有报酬相关指标高于其他产业。除了报酬产值率以外，信息服务业的指标都要明显高于信息制造业，投入相同的比例，信息服务业的产出效益要远高于信息制造业，劳动者需求也要多于信息制造业，对就业具有较强的推动作用。信息

制造业是知识密集型产业，每单位劳动投入获得的经济效益要高于信息服务业。

从信息产业内部来看，信息产品批发和零售贸易业每单位投入所创造的社会纯收入（生产税净额+营业盈余）最高，其次为信息传输、计算机服务和软件业，信息产品修理维护，信息内容服务业。通信设备、计算机及其他电子设备制造业社会纯收入最低。从中间投入利税率和净产值率来看，信息产品批发和零售贸易业每单位中间投入创造的社会纯收入和社会净产出依然最高，其次为信息传输、计算机服务和软件业，信息产品修理维护和信息内容服务业。通信设备、计算机及其他电子设备制造业社会纯收入和净产出最低。说明信息产品批发和零售贸易业所创造的经济效益要明显高于其他产业。通信设备、计算机及其他电子设备制造业每单位收入所需要的投入最大，经济效益最低。

3. 第二产业信息化程度最高，信息产业对自身的依赖性最强

由直接消耗系数分析显示，信息产业对自身的依赖性要比第二产业和第三产业强，信息产业的发展主要依赖自身技术的不断更新。其中，信息技术制造业对自身和第二产业的直接依赖性最强。信息技术服务业对第三产业的直接依赖性最强，其次为第二产业。第二产业和信息内容服务业的设备供给及第三产业的消费对信息内容服务业的发展有重大的影响。

完全消耗系数分析显示，第二产业仍然是我国的主导产业，并且在传统的三次产业中，第二产业信息化程度最大，以信息化带动工业化的发展道路是合理和正确的，必将加快我国新型工业化道路的发展。在信息产业内部，信息技术制造业居主导地位，应当优先发展。

根据产业关联分析，信息产业与其他产业息息相关，一方面其他产业为信息产业提供中间过渡产品，另一方面信息产业为其他产业提供最终产品和优质服务。在与其他产业的关联关系中，信息产业对通信设备、计算机及其他电子设备制造业的直接依存程度和推动作用最高。

4. 信息产业具有明显的内生增长能力和集群效应

不难看出，在直接消耗系数和直接分配系数的排名中有许多相同产业，反映出信息产业是主要服务产业同时也是其他产业最为依赖的产业，从而形成了以信息产业为中心的产业群的聚集，产业集群是现代经济构成的单元结构，能产生巨大的集群效应。各种产业和经济活动在空间上集中产生的经济效果及吸引经济活动向一定地区靠近的向心力，是城市形成和不断扩大的基本因素。这种产业聚集以产业之间的技术交流和业务交往为基础，同时在相互竞争和合作中形成特定产业群体，信息产业作为其中心产业，其增长是有效拉动经济增长的动力源。再从信息产业的直接消耗系数和直接分配系数看，信息产业对其本身依赖性较强，信

息产业自身利用率最高，表明信息产业具有较强的内生增长能力。

5. 第二产业是国民经济的支柱产业和瓶颈产业，信息产业对经济发展具有较强推动作用

从影响力系数和感应度系数分析，第二产业的影响力系数和感应度系数都高于社会平均水平，第二产业对国民经济的拉动和推动作用同样明显，是国民经济的瓶颈产业同时也是支柱产业，如果该部门供给不足，将对经济产生较大制约作用。信息产业的感应度系数低于社会的平均水平，说明国民经济对信息产业的带动作用不明显。信息产业的影响力系数高出社会平均水平，表明信息产业对国民经济具有很强的积极作用，尤其是信息技术制造业和信息内容制造业的推动作用明显，高于第二产业。信息产业增加最终使用，将有效引起各部门需求量的增加。因此，考虑到现阶段经济发展的逐渐放缓，为了加快经济发展，需要重点扶持和发展信息产业，尤其是要鼓励信息技术制造业和信息内容制造业的发展。信息化产业的进步，将有效带动社会各部门的发展，提高国民经济增长。

从信息化产业内部来看，通信设备、计算机及其他电子设备制造业的影响力系数和感应度系数都高于社会平均水平，具有支柱产业和瓶颈产业的性质，对信息产业的推动和拉动作用明显，是信息产业发展的关键产业，应当优先发展。

第6章 ICT 专项调查：国际经验及对中国的启示

6.1 开展 ICT 专项调查的重要意义

信息产业的发展让整个世界的经济结构发生了巨大的变化，通过信息通信技术和知识来创造价值的经济模式已成为各国经济发展的新突破点。世界各国的信息产业发展情况不尽相同，数字鸿沟[①]的存在，在很大程度上拉大了发展中国家与发达国家的差距。对于发展中国家来说，它们面临着工业化和信息化双重发展的挑战，大力发展信息产业是缩小它们与发达国家之间数字鸿沟的必由之路。发展信息产业的前提是须有充分的信息产业基础数据作为支撑，这需要开展规范信息产业专项调查。

信息专项调查也是 ICT 卫星账户中不可或缺的一部分。ICT 卫星账户是以一套完整的供给使用表为主线，结合相应的信息产业指标体系建立的核算账户。ICT 专项调查不仅可以为卫星账户提供有针对性的调查数据，也是信息产业指标体系的重要数据来源。关于如何核算家庭、个人和企业对 ICT 的使用情况，OECD 也建议通过 ICT 使用的专项调查进行数据收集。

信息产业在国民经济中的地位日益提高，对传统产业的升级改造已经成为老百姓都能深刻体会的经济现象。国际组织、社会各界对信息产业的数据需求已经迫使统计部门不得不将信息产业的数据采集工作提上日程，开展全面的 ICT 专项调查是目前我国应该着手的重要任务。

从全球范围来看，目前对 ICT 专项调查开展比较好的国家和组织，比较有代表性的包括 OECD、欧洲联盟、伙伴关系组织（Partnership on Measuring ICT for

---

① 根据联合国经济社会理事会的文件，数字鸿沟是指：随着 ICT 在全球的发展和应用，由于国家信息化发展水平存在着差异而造成或拉大国与国以及国家内部群体之间的差距。

Development），此外还有美国、澳大利亚、加拿大和南非等国家，它们的研究成果很值得发展中国家学习。

与世界发达国家相比，我国的信息化统计研究工作起步较晚，我国对 ICT 产业调查的研究成果还比较匮乏。鉴于此，在本部分我们将对目前已经官方公布 ICT 卫星账户的国家（澳大利亚、南非）的 ICT 专项调查情况进行梳理；对加拿大和美国等信息经济发达国家的信息产业调查情况进行分析。

6.2　主要国际组织对 ICT 专项调查的研究

6.2.1　OECD 的研究

OECD 对 ICT 产业的研究始于 1997 年，研究的目的是为信息社会的测度构建一系列定义和方法体系。1999 年，WPIIS 的成立对 OECD 信息经济测度统计工作具有里程碑意义。WPIIS 提供了测量信息社会不同方面的统计标准和国际可比较数据的方法准则。OECD 的研究为世界各国开展 ICT 产业核算奠定了良好的基础，不仅包括 OECD 成员国，欧盟、联合国统计委员会等都借鉴了 OECD 的相应研究成果。

信息社会测度指南（Guide to Measuring the Information Society，简称 Guide）系列出版物共有 2005 年、2009 年和 2011 年三个版本，是 OECD 对 ICT 产业研究成果的集中体现。Guide 中构建了信息社会的统计模型，对 ICT 产品、ICT 产业等基本概念进行了定义，划分了 ICT 产品、内容与媒体产品的类别，Guide 中还包含了电子商务、电子政务的测算方法，以及家庭、个人和企业对 ICT 使用情况的核算方法等内容。

家庭、个人和企业对 ICT 使用情况的核算，OECD 建议通过 ICT 专项调查进行数据收集。2001 年 WPIIS 正式发布了企业 ICT 使用的调查问卷；2002 年发布了住户及个人 ICT 使用的调查问卷。这两类问卷在 2005 年进行了修订，问卷被收录在 Guide2011 中。

企业 ICT 使用情况的调查问卷在内容上包括：IT 安全，电子商务，企业对 ICT 的投资与支出等方面的问题；对家庭和个人 ICT 使用情况的调查作为两个调查部分被包含在一张调查问卷中，问卷中包含了使用目的、途径和使用频率等相关问题。

ICT 专项调查的其他调查信息还包括：

（1）调查范围：企业 ICT 使用情况的调查范围是具有 10 名以上员工的企业；

个人及住户 ICT 调查的范围包括 16~74 岁的个人和至少包括一名 16~74 岁成员的家庭。

（2）数据采集方法：OECD 大部分成员国采用邮寄问卷的方法进行企业 ICT 使用的调查、采用面访的方法进行住户及个人的 ICT 使用情况调查。

（3）调查频率：OECD 认为，企业对 ICT 发展程度的敏感性高于个人及住户，所以建议企业 ICT 使用情况的调查频率应高于住户及个人的 ICT 使用情况调查频率，调查频率应尽量达到一年一次，不同国家的调查频率可根据国家的情况进行调整。

6.2.2　欧盟的研究

欧盟对 ICT 产业的研究成果主要被收录在信息社会统计方法手册（Methodological manual for statistics on the Information Society，简称 Manual）系列出版物中，Manual 中详细地介绍了欧盟企业和住户 ICT 调查的调查方法、调查问卷等方面内容。

从 2002 年开始，欧盟委员会建立了年度信息社会调查，用来衡量 ICT 在企业和住户单位中的发展情况。欧盟统计局分别针对欧盟企业和住户开展了两项 ICT 示范调查。ICT 示范调查的内容主要由示范调查问卷和调查方法指导两部分组成。调查的内容会随着用户和政策制定者的需求进行常规的调整。欧盟和 OECD 在对 ICT 调查的研究方面联系密切，一些 OECD 成员国也使用欧盟调查问卷进行调查。

欧盟推荐参加调查的成员国采取分层抽样的方法获取样本。在数据收集的方法上，欧盟建议对不同调查对象采用不同的调查方式：①对企业 ICT 调查应该采用邮寄问卷的方式；②住户 ICT 调查主要采用面对面调查和计算机辅助电话调查（computer assisted telephone interviewing，CATI）两种方式。企业 ICT 使用调查的范围包括具有 10 名以上员工的企业，调查主要收集企业对 ICT、互联网、电子商务及电子政务的使用情况。住户 ICT 调查的范围包括 16~74 岁的个人和至少包括一名 16~74 岁成员的家庭，调查主要收集住户和个人对 ICT、互联网、电子政务及电子技能使用等方面的数据。

6.2.3　伙伴关系组织的研究

伙伴关系组织成立于 2004 年，目前由 14 个地区和国家组织组成。提高各国尤其是发展中国家 ICT 数据的质量、国际可比性和可获得性是伙伴关系组织成立的主要目的。受信息社会世界高峰会议（The World Summit on the Information

Society，WSIS）的委托，伙伴关系组织也为一些国际和区域组织开展的涉及 ICT 测量的活动提供专业的统计框架。

伙伴关系组织的研究成果集中体现在《ICT 核心指标》和《ICT 测度：ICT 指标的世界地位》两种出版物中。它建立了一套基于国际统一标准的 ICT 核心指标，这套指标得到了联合国统计委员会的认可并且持续更新，已成为全世界收集具有国际可比性 ICT 统计数据的基础。越来越多的国家将这套指标纳入企业和个人 ICT 使用情况的专项调查中。最新版本的 ICT 核心指标为 2010 年的版本，涵盖的领域包括：ICT 基础设施及其利用机会、家庭和个人获得与使用 ICT 的情况、企业使用 ICT 的情况、ICT 部门、ICT 商品贸易、教育领域中的 ICT 及电子政务。

伙伴关系组织对 ICT 统计的主要贡献是：它为国际统计系统，特别是发展中国家收集具有国际可比性的信息社会统计数据提供了许多技术支持；提高了发展中国家的政策制定者对 ICT 统计的重视程度；帮助发展中国家的统计机构收集、分析和传播 ICT 数据；为国家层面 ICT 数据的收集制定了实用的手册和调查问卷；为其统计办公人员进行 ICT 统计的技能培训，加强发展中国家统计人员的能力建设以促进区域 ICT 统计的发展。

6.3　加拿大 ICT 专项调查研究

6.3.1　加拿大 ICT 统计发展历程

在对 ICT 测度的研究中，加拿大始终走在国际前列，虽然目前为止加拿大还没有构建完整的 ICT 卫星账户，但是在 ICT 调查和 ICT 部门定义[①]的研究方面，加拿大的经验为许多国家提供了宝贵的参考意见。

加拿大工业部、加拿大统计局和 OECD 联系紧密，加拿大对 ICT 的测度开始于 20 世纪末，早期的 ICT 调查主要是对当时加拿大制造业领域中先进技术使用情况进行的调查，其中包含了对 ICT 的使用调查；2000 年以后加拿大对 ICT 的调查范围逐步扩展到公共部门和私营部门的 ICT 应用方面。随着网络技术的不断发展和网络普及程度的扩大，加拿大对公营部门和私营部门的 ICT 调查逐步涉及部门的局域网和无线通信设备的使用等问题。2001~2011 年，加拿大已经开展了一

---

① 加拿大对 ICT 部门的定义是基于 "ICT 部门应该包括主要从事于生产货物和服务或提供技术以用于加工、传递和接受信息的企业" 理念；加拿大对 ICT 部门的定义为：包括科技（如台式电脑，笔记本电脑，软件，互联网的外围设备和链接设备），以来实现信息的加工和通信功能的部门。

系列 ICT 专项调查，从调查方法到样本选择方面，都有许多值得其他国家借鉴的地方。

6.3.2　加拿大的 ICT 专项调查

2001~2011 年加拿大组织开展的 ICT 调查共有 15 项。调查的 ICT 产业分类是基于 1980 加拿大产业分类标准（Standard Industrial Classification 1980，SIC80），调查的范围涵盖了公营部门、私营部门及住户三方面，调查的对象除了涉及传统的通信和广播服务外，还包含了电子商务和 ICT 技术的使用情况。表 6-1 中列出了一些代表性调查的调查内容及调查方法。

表 6-1　加拿大 2001~2011 年度 ICT 调查表

调查名称	抽样方式	调查描述	数据收集方法
年度有线电视调查	普查	为广播部门的统计测度和分析收集财政和运营数据	大规模企业网上收集、小规模企业面访（纸质问卷）
年度电信业调查	横断面普查①	为电信服务业的统计测度和分析提供财政和运营数据	电子邮件
互联网使用调查（CIUS）	横断面抽样调查	测量加拿大公民对互联网的使用程度和使用范围	电脑辅助的电话调查（CATI）
一般社会调查——对 ICT 的接触机会和利用情况调查	横断面抽样调查	收集加拿大公民对信息通信技术的接触机会和对它们的利用情况	电脑辅助的电话调查（CATI）
校园 ICT 调查（ICTSS）	横断面普查	对加拿大所有的小学和中学的基础设施和 ICT 使用模式的调查	面访（纸质问卷）
电子商务技术调查（SECT）	横断面抽样调查	测量加拿大企业对不同技术的利用情况及通过互联网进行买卖商品和服务的企业对互联网的使用程度	网上收集
家庭支出调查	分层抽样调查	测度家庭对 ICT 设备和 ICT 服务的支出数据	面访（纸质问卷）

资料来源：Statistics Canada，Definitions，data source and methods

除表 6-1 中列举出的 ICT 专项调查外，加拿大在 2001~2011 年还开展了 ICT 价格指数调查等调查活动，包括商业软件价格指数调查②和电脑及其外围设备的价格指数调查；电子媒体使用调查；ICT 职业调查；住户电话服务；等等。

可以看出，加拿大对本国 ICT 的使用情况展开了一系列非常具体的调查。这些调查的数据是监测 ICT 发展水平及制定和评估政策的重要依据。一些国际组织，

① 横断面普查（cross-sectional study），又称横断面研究，因为所获得的描述性资料是在某一时点或在一个较短时间区间内收集的，所以它客观地反映了这一时点人们的某些特征。横断面普查分为普查和抽样调查两大类。

② 商业软件价格指数调查是每月对企业和政府购买的一揽子具有代表性软件的价格变化进行度量的调查；调查数据的主要来源为国际数据公司（IDC）。

如 OECD 会运用调查结果进行基准测试和比较研究，同时调查结果也为许多研究者提供了宝贵的数据支持。

6.4　美国 ICT 专项调查研究

美国普查局从 2003 年起开始每年进行一次 ICT 调查（The Information and Communication Technology Survey，ICTS），ICTS 是美国年度资本支出调查（Annual Capital Expenditure Survey，ACES）的重要补充。

ICTS 中的 ICT 产业分类基于 NAICS，调查范围非常广，包括美国所有国有和私人的非农业公司[①]。ICTS 的主要内容是提供美国非农企业对 ICT 设备和计算机软件的资本化支出[②]和非资本化支出的相关调查数据。2013 年 ICTS 的调查样本包括近 4.6 万个公司，对 500 名以上员工的企业进行普查，对员工不足 500 人的企业采用分层抽样的方法进行抽样调查。

美国 ICTS 从 2003 开始逐年开展，形成了完善的调查体系，准确地监测了美国企业对 ICT 的投资和使用情况，ICTS 得到的调查数据是美国经济分析局（Bureau of Economic Analysis，BEA），联邦储备委员会，劳工统计局（Bureau of Labor Statistics，BLS）和行业分析师评估未来生产率和经济增长前景的重要依据；在国民经济核算的角度上，调查数据有助于对"投资占 GDP 的份额"这一重要的国民经济指标的准确性进行改进。同时，ICTS 对估计美国国民经济中的资本存量和资本流动情况有积极促进作用，行业分析师和企业也可以使用 ICT 数据进行市场分析、经济预测、产品开发和业务规划。

6.4.1　ICTS 的调查范围与调查内容

ICTS 中的产业分类基于 NAICS，调查范围非常广，包括美国所有国有和私人的非农业公司及非营利机构，主要被排除在外的是美国企业中的对外业务、政府运作（包括邮政业）、农业生产公司和一般住户。ICTS 的主要内容是提供美国非农企业对信息通信技术的设备和计算机软件的资本化和非资本化支出的相关数据。

---

① 不含美国企业中的对外业务、政府运作、邮政业、农业生产公司和一般住户。

② 资本化支出是与费用化支出相对应的概念，就是企业在经营过程中对其资产进行耗用，把这部分耗用划分为资本化和费用化，划分标准是资产耗用的去处，如果利用这部分资产产生新的资产，就是资本化支出，如果利用这部分资产进行经营，产生经济利益，就是费用化支出。非资本化支出是指核算年中 ICT 设备的支出，具体包括 ICT 设备的购买和经营租赁的租金以及对计算机软件的购买和软件服务及维修协议的支出。

6.4.2　ICTS 的抽样方法和估计方法

2013 年 ICTS 的调查样本包括近 4.6 万个公司，对拥有 500 名以上雇佣员工的企业进行逐年调查，对雇佣员工不足 500 人的企业采用随机分层抽样的方法调查。

1. 估计方法

估计是把调查数据和普查数据转化为统计资料的关键步骤。ICTS 的统计单元是企业，在调查过程中会产生一定数量的无回答样本，为了准确考察 ICTS 的调查质量，美国普查局设立了一些指标来进行调查质量的监测，它们分别是：调查单元回答率（unit respond rate，URR）、回答总量比率（total quantity response rate，TORR）。指标的具体含义和计算公式详见表 6-2。

表 6-2　美国 ICTS 调查质量的测度指标

测度指标名称	计算公式	参数含义
URR	$\dfrac{R}{S} \times 100\%$	R 为接受调查的企业数量 S 为样本中企业总数
TORR	$\dfrac{\sum\limits_{h=1}^{k} \sum\limits_{i \in h} (W_h \times X_{i,h})}{\hat{X}_{\text{tot}}}$	W_h 为 h 层的基础抽样权重 $X_{i,h}$ 为 h 层第 i 个企业的资本支出总额 $\hat{X}_{\text{tot}}$ 为所有企业资本支出总额的估计值

资料来源：http://www.census.gov/econ/ict/how_surveys_are_collected.html

与 URR 不同，TORR 中没有将所有企业平等地来看待，一个公司对估计值产生的影响取决于该公司的抽样权重和其调查得出的报告数据。同一层的样本企业具有相同的样本权重，权重越大则说明该企业在类似企业中的代表性越强。

除了抽样权重，受访者权重也是 ICTS 调整"企业未作答情况"（no response）的一个重要工具，受访者权重越高则说明对该受访者的调查结果越具有代表性与可靠性，对于那些没有接受调查的企业，其数据空缺可以参照拥有较高权重受访者的调查数据。

2. 未作答情况下的样本权重调整方法

每一个样本企业都具有一个初始权重，这个样本权重可能会随着企业的活动情况、调查回复情况和人员雇佣情况这几个特征的变化而进行调整。被选中的样本企业在 ICTS 开展的过程中可能面临以下几种情况：①接受调查；②不接受调查；③不在调查的范围内（在调查年到来之前该企业已经停业）；④复制其他企业的调查数据。将②③④这三种情况均视为"企业未作答情况"。考虑到这种情况，应提高作答企业的样本权重以提高最终估计结果的准确性。在美国的 ICTS 中，样本权重的调整是基于接受调查企业和未接受调查企业的工资水平情况。

为了方便理解，假设 ICTS 样本中包含 132 个行业，将每个行业分为 5 层，共分为 660 个分层，将其标号为 $h(h=1,2,\cdots,660)$。每个行业的 5 个分层中，有 4 个不确定层和一个确定层，确定层下的企业样本权重为 1，不确定层下的企业样本权重通常大于 1。在有"企业未作答情况"下，对接受调查企业样本权重的调整公式为

$$W_{h(\text{adj})} = W_h \times \frac{P_{hr} + P_{hn}}{P_{hr}}$$

其中，$W_{h(\text{adj})}$ 为调整后的 h 层样本权重；W_h 为调整之前的 h 层样本权重；P_{hr} 为 h 层中作答企业的工资总额之和；P_{hn} 为 h 层中未作答企业的工资总额之和。

3. 估计的可靠性

估计数据来源于 ICTS 的样本调查数据，估计的可靠性除了受调查数据质量的影响之外，还受调查方法本身的影响。对任何一个特定的估计来说，抽样误差和非抽样误差对估计精度的干扰程度都在很大程度上超过了测量误差对它的干扰。抽样调查和普查的调查结果都会受到非抽样误差的影响，非抽样误差的产生主要归因于以下几个因素：调查技术限制，无法获得样本中所有企业的信息；受访者不愿提供真实的信息；对问题解释的差异；记录和编码数据时的错误等。为了使非抽样误差最小化，美国普查局将所有报告数据反复检查以保证其合理性和一致性。

同时，ICTS 中指出范围错误也会对调查估计的精度产生较大的影响，所谓范围误差指应该包括在调查范围内的企业却没被覆盖，或者不符合条件的企业被错误地包含在调查范围内所引发的误差。在调查的前期应对调查范围进行严格的划分，尽量减少范围误差的产生。

6.5　澳大利亚和南非 ICT 卫星账户的构建及经验

6.5.1　澳大利亚 ICT 卫星账户中的专项调查

如前文的介绍和分析，澳大利亚统计局的卫星账户沿用了 SNA1993 的基本框架，是以供给使用表为主线，由若干 ICT 专项调查提供数据支撑构建而成的。为保

证卫星账户数据的详尽性，澳大利亚统计局开展的 ICT 专项调查包括：信息与通信技术产业调查（ICTIS）；商业 ICT 使用调查（BUIT）；住户 ICT 使用调查（HUIT）政府 ICT 使用调查（GTS）；等等。其中 ICTIS 和 GTS 的调查结果是澳大利亚 ICT 卫星账户的主要数据来源[①]。

澳大利亚 ICT 产业调查中的产业分类标准遵循了 ANZSIC。在澳大利亚 2006 年发布的 ICT 卫星账户（Australian National Accounts：Information and Communication Technology Satellite Account）中，ICTIS 每两年进行一次，调查内容为澳大利亚企业对 ICT 产品和服务的生产和分配情况。ICTIS 以 ICT 企业在澳大利亚统计局的工商注册数据为抽样框，以国家、行业类别和雇佣规模为分层标志进行分层抽样抽取样本。在 2006 年发布的 ICT 卫星账户中，澳大利亚统计局共抽取了 3 900 家员工人数超过 200 人的企业，通过邮寄调查的方式收集数据。

GTS 调查的主要目的是测度政府部门对 ICT 的使用情况。GTS 调查的主要范围包括一般政府机构和一般政府教育机构。调查数据由国家和地区的政府机构提供，调查指标包括：ICT 部门雇佣人数、信息通信费用、电脑软件购买费用等。

6.5.2　南非 ICT 卫星账户中的专项调查

南非统计局于 2012 年发布了南非 ICT 卫星账户的情况，并于 2013 年发布了以 2005 年为基期的南非 ICT 卫星账户草案。专项调查是获得 ICT 卫星账户数据的重要来源，包括大样本调查（large sample survey，LSS）、一般家庭调查（general household survey，GHS）、季节性劳动力调查（quarterly labour force survey，QLFS）、年度经济普查（annual financial survey，AFS）、收入和支出调查（income and expenditure survey，IES）等。其中 LSS 与 GHS 这两项调查与 ICT 的相关程度较高[②]。

LSS 是面向企业的调查，采取分层抽样方法对南非的公营和私营企业进行调查，调查中与 ICT 相关的问题包括公司是否有商业网页、公司是否通过互联网来办理银行或财政业务、公司的 IT 部门是否为外包性质等。调查数据的用途主要包括以下几个方面：为 GDP 的估算提供数据；为 ICT 卫星账户、旅游卫星账户（tourism satellite account，TSA）等提供数据；提供私人消费支出的数据，用来监测和制定政府政策；为私营部门对企业绩效的分析提供数据支持。

GHS 是为了准确核算南非住户的消费情况而专门设计的调查，该调查从 2002

---

① BUIT 和 HUIT 两项调查分别是对企业和住户开展关于计算机、网络和其他技术使用情况的调查，但是它们的调查内容都没有包括企业或住户对 ICT 的支出情况，使这两项调查在 ICT 卫星账户的使用中受到限制。

② QLFS，AFS，IES 三项调查中仅涉及少量 ICT 信息。

年开始逐年开展，GHS 的样本选取方法为分层抽样，采用面访的方式对南非所有私人住户进行调查。调查的内容涵盖了六个领域，分别是教育、健康、社会发展、住房、食品安全、农业及住户对服务和设施的接触机会。调查中与 ICT 相关的问题包括家庭中是否拥有或有机会接触到互联网服务、家庭中是否有机会接触到电视或收音机、家庭中是否安装座机等问题。

通过对南非 ICT 调查的研究可以发现：GHS 和 LSS 分别是以南非的住户和公司为调查对象而展开的针对国民消费、生活和经济活动等方面的调查，它们都不属于专门为测度 ICT 情况而设计的调查，而是在问卷中包含了一些 ICT 相关的问题。

6.6　中国 ICT 调查与国外的对比研究

6.6.1　中国 ICT 统计测度研究的发展历程

我国对 ICT 的测度可追溯到 20 世纪 80 年代，1986 年国家科技促进发展研究中心对 1982 年我国的信息经济规模进行了首次测度，调查成果为《中国信息经济初步分析》。1996 年，我国成立国务院信息化工作领导小组，之后提出了国家信息化的定义和信息化体系框架。国家统计局统计科学研究所在 1996 年后推出了信息化水平评价指数和信息化水平总指数等信息化水平的指标。

21 世纪以来，我国对信息化测度的发展情况越来越重视，2001 年国家信息产业部公布了《国家信息化指标构成方案》，其中包括 20 种指标，信息产业部规定，之后关于全国性信息化水平的比较，必须严格按照该方案的统一规定执行，与此同时，国家信息化测评中心正式宣布成立，测评中心的主要工作是负责国家信息化指标体系研究及制定工作。在 2004 年和 2008 年的经济普查中，国家统计局也将信息化指标加入了单位基本情况调查表格中。从 2008 年开始，工业和信息化部每年公布电子信息产业统计公报，包括我国电子信息制造业和软件业的生产总值、电子信息产业的固定资产投资、电子信息产业和软件业的进出口贸易及利润等指标的发展情况。

6.6.2　国家统计局信息化调查

2004 年国务院信息化工作办公室与国家发展和改革委员会分别委托国家统计局进行全国信息化统计调查和信息化水平测算的工作。在我国各个行业机构开展的信息化调查中，规模最大范围最广的当属国家统计局开展的信息化调查。国家统计局开展的信息化调查始于 2004 年，调查在国内 10 个省区市开展，2005 年，国家统计局开展了覆盖全国的信息化调查。国家统计局信息化调查是目前我国影响力最大的信息化调查。

2011 年国家统计局实施企业一套表统计制度改革，衡量信息化的指标作为重要的组成部分纳入了企业一套表中，"一套表"中的信息化调查范围涵盖工业、建筑业、批发零售业、住宿餐饮业、房地产业和重点服务业。2011 年的信息化统计，各行业中共有符合条件的 24 万家企业参加了调查。调查主要考察各个企业的 ICT 设备总数、网站总数、企业电子商务的销售总额和电子商务采购金额的情况。

一些国内学者、省市研究机构针对不同的地区和行业均展开过省、市范围内的信息化水平的测度研究，然而在研究过程中遇到的最大障碍就是缺少权威的、系统的 ICT 基础统计数据，这无疑制约了我国 ICT 统计的发展。总的来说，相对于发达国家，我国对信息化水平的测度和调查起步较晚，并且在我国信息化测度和调查的连贯性和系统性方面都有较大的缺陷。

6.6.3　中国与其他国家 ICT 调查的对比分析

1. 企业 ICT 调查的对比分析

从国际范围来看，OECD、欧盟、加拿大、美国、澳大利亚等国家和地区均开展过企业信息化调查或电子商务技术调查，表 6-3 将中国与其他国家和地区的典型企业信息化调查进行了总结梳理。

表 6-3　国际企业 ICT 调查的比较

国际组织/国家调查名称	调查范围	调查内容	样本选择方法	数据收集方法	是否专项调查
OECD 商业 ICT 使用调查	具有 10 名以上员工的企业	企业使用 ICT 的基本情况、ICT 在企业运营中的主要用途	分层抽样	邮寄问卷	是
欧盟 企业 ICT 使用及电子商务调查	具有 10 名以上员工的企业	企业使用 ICT 的基本情况、互联网的使用、通过互联网的电子商务、通过外部局域网络的电子商务、企业基本信息	分层抽样	邮寄问卷	是
加拿大 电子商务技术调查	非农业私营企业	测量加拿大企业对不同技术的利用情况及通过互联网进行买卖商品和服务的企业对互联网的使用程度	分层抽样	网上收集	是
美国 信息通信技术调查	非农业企业	非农企业对 ICT 设备和计算机软件的资本化和非资本化支出情况	雇员＞500，普查；雇员<500，分层抽样	邮寄问卷	是

续表

国际组织/国家调查名称	调查范围	调查内容	样本选择方法	数据收集方法	是否专项调查
澳大利亚 ICT 产业调查	ANZSIC 分类下的 ICT 产业	ICT 企业的基础设施、商业运作、贸易运营等情况，为 ICT 卫星账户提供调查数据	分层抽样调查	邮寄问卷	是
南非 大样本调查	公营、私营企业	公司是否有商业网页、公司是否通过互联网来办理银行或财政业务、公司的 IT 部门是否为外包性质	分层抽样	邮寄问卷、电子邮件、传真、电话访问、面访	否
中国 企业一套表 （信息化）调查	大中型工业、有资质建筑业、大型批发零售业、大型住宿餐饮业、房地产开发经营业、重点服务业①	企业计算技术、网站数、电子商务销售金额、电子商务采购金额情况	普查	企业联网直报	否

资料来源：各国统计局官网整理得到

从表 6-3 可以看到，与其他国家和国际组织相比，中国已经整合了对企业的调查形成了"一套表"联网直报系统，在统计效率方面，走在了前列。但是由于中国 ICT 统计起步晚，与其他国家和国际组织相比，ICT 调查仍然存在一些不足：

第一，调查内容不全。表 6-3 中大部分国家和国际组织采用了 ICT 专项调查的方式采集 ICT 数据，在问卷设计方面，专项调查的问卷设计更成系统，调查内容更为全面，而中国 ICT 调查融合在"一套表"中，问卷信息较少，对电子商务信息、公司使用 ICT 的主要用途等调查不够全面。

第二，调查范围覆盖不够。中国开展的信息化调查对规模以上的企业进行普查，对规模以下企业的调查数据样本不足或缺失，而中小企业的调查数据对于信息产业的分析却具有重要的统计意义，它是企业信息化调查中不可或缺的一部分。

2. 住户 ICT 调查的对比分析

从国际范围来看，OECD、欧盟、加拿大、澳大利亚、南非等组织和国家均

---

① 大中型工业：年主营业务收入 2 000 万元及以上的工业法人单位。有资质的建筑业：有总承包、专业承包和劳务分包资质的建筑业法人单位。大型批发零售业：年主营业务收入 2 000 万元及以上的批发业、年主营业务收入 500 万元及以上的零售法人单位。大型住宿餐饮业：年主营业务收入 200 万元及以上的住宿和餐饮业法人单位。房地产开发经营业：全部房地产开发经营业法人单位。重点服务业：年末从业人数 50 人及以上或年营业收入 1 000 万元以上的服务业法人单位，包括交通运输、仓储和邮政业，信息传输、软件和信息技术服务业，租赁和商务服务业，科学研究和技术服务业，水利、环境和公共设施管理业，居民服务、修理和其他服务业，教育，卫生和社会工作，文化、体育和娱乐业，以及物业管理、房地产中介服务等行业。

开展了住户 ICT 调查，表 6-4 对上述国际组织和国家开展的住户 ICT 调查进行梳理和对比分析。

表 6-4　国际住户 ICT 调查的比较

国际组织/国家调查名称	住户调查范围	调查内容	样本选择方法	数据收集方法	是否专项调查
OECD 住户及个人 ICT 使用调查	至少包括一名 16~74 岁成员的家庭	家庭使用 ICT 的基本情况、ICT 在家庭的主要用途	抽样	面访、邮寄问卷	是
欧盟 住户及个人 ICT 使用调查	至少包括一名 16~74 岁成员的家庭	住户对手机、电脑、互联网等 ICT 设备的接触机会、使用情况，住户基本信息	分层抽样	面访	是
加拿大 家庭支出调查	所有私人住户①	测度家庭对 ICT 设备和 ICT 服务的支出数据	分层抽样	面访	否
澳大利亚 住户 ICT 使用调查	至少包括一名 15 岁成员的家庭	住户对电脑、互联网等 ICT 设备的使用情况	抽样	面访、电话访问	是
南非 一般家庭调查	所有私人住户	住户对互联网、电视、电话等 ICT 设备的接触机会和使用情况	分层抽样	面访	否

资料来源：各国统计局、国际组织官网整理得到

从表 6-4 中可以看出，为全面了解国民对 ICT 的接触机会和使用情况，世界上已经有许多国家开展了住户信息化专项调查，调查数据是国民经济核算和国家信息化政策制定的参考依据。可见住户 ICT 调查是国家信息化统计不可缺少的一部分，具有重要意义，然而目前我国还没有开展过系统全面的住户 ICT 专项调查，限制了我国信息化统计与信息化国际比较的发展。

6.7　国际经验对中国的启示

1. 完善 ICT 指标体系

一套科学完备的，具有国际可比性的 ICT 指标体系对 ICT 专项调查的顺利开展有重要意义。目前我国采用的 ICT 指标体系是 2001 年发布的《国家信息化指标构成方案》。该指标体系主要包含个人信息化和企业信息化的指标，住户信息化、教育信息化等方面的指标涉及甚少。指标体系范围过窄，不仅无法全面反映我国现阶段 ICT 产业的发展情况，也不具备国际可比性。故而，我国 ICT 指标体系亟待完善和修订。我国可借鉴伙伴关系组织发布的《ICT 核心指标》出版物，该套

---

① 非机构性和非军队的私人住户，不包括老年公寓、医院、监狱或军队营区中集体宿舍。

指标基于国际统一的标准，包含了个人信息化、住户信息化、企业信息化、教育信息化、政府信息化方面的指标，已有一些国家将这些指标运用到本国的 ICT 专项调查之中。我国相关机构应结合《ICT 核心指标》的意见，尽快完善电子商务指标、企业信息化指标、教育系统信息化指标方面的内容，充分考虑我国 ICT 指标体系的国际可比性。

2. 创建住户部门 ICT 调查体系

住户部门是 ICT 的重要使用部门，也是信息化的重要组成部分。然而，目前我国的信息化调查对象大部分是各个行业中的企业，调查得出的结果反映的多数是企业的信息化水平和电子商务情况。与国际上其他国家和国际组织相比：欧盟和 OECD 等国际组织的成员国均开展了住户 ICT 专项调查，对住户的 ICT 使用调查是 ICT 专项调查中不可缺少的部分，可见我国仅对企业进行信息化调查是远远不够的。

我国应加快住户部门 ICT 调查体系的创建进程，设计规范的住户部门调查问卷，对住户与个人的 ICT 使用情况、使用频率、使用技巧、对互联网和电子商务的使用等情况进行调查，定期开展住户 ICT 使用情况调查。我国也应该逐步组织开展针对个人、教育、医疗和政府领域的 ICT 使用专项调查，改善调查范围只针对企业的单一局面，从多个角度全面探析和监测我国的信息化水平，也使调查的结果更具国际可比性。

3. 扩大企业信息化调查范围

与世界其他国家开展 ICT 调查的经验相比，我国企业信息化调查设计的行业较少、覆盖面不够、调查范围较窄，这在很大程度上制约了我国调查结果的全面性及国际可比性，调查范围的扩展可从拓宽行业种类和加强中小企业两方面入手：首先，我国应进一步扩大企业信息化调查的范围，增加对金融业、能源供应业等重要国民经济行业的调查。其次，中小企业信息化程度具有重要的观测意义，尤其是在信息产业中，企业人数不再是企业规模的准确指标，要增强对中小企业信息化的调查力度，提供更有效的数据。双管齐下，扩大我国企业信息化的调查范围，以获得更加全面、有代表性的调查数据，更好地监测我国企业信息化的发展。

4. 改善样本选择方法

官方统计体系对企业的信息化调查是对符合一定条件的企业进行普查，忽略了对规模以下企业的调查，造成中小企业信息化数据的缺失，对比国际经验，我国应从调查方法上进行改进。与国际上多数国家采用的分层抽样的方法相比，我国的调查样本和调查方法存在调查成本高，系统误差大的缺点。我国可借鉴美国

ICTS 的调查经验，采用普查与分层抽样调查相结合的方式进行样本选择，对规模以上企业进行普查，规模以下企业按照行业类别和企业雇佣规模等标准对符合条件的企业进行分层处理，在各层中按比例抽取样本进行信息化调查。这样的样本选取方法可以使调查范围更加全面，提高调查结果的准确性。

5. 完善企业信息化调查问卷

我国企业信息化调查问卷包含在企业一套表中，问卷包含企业信息化基本信息和电子商务两个部分，其中，对电子商务的调查只包括电子商务销售金额和电子商务采购金额这两项指标。与国际组织和世界发达国家相比，我国的企业信息化调查问卷过于"单薄"，尤其是对电子商务信息的部分调查不足，我国可借鉴欧盟的研究经验①，扩充电子商务部分的调查内容，增加对局域网络电子商务情况的调查，完善企业一套表中的信息化调查问卷。目前我国还没有设计住户信息化调查问卷，为保障调查数据的国际可比性，我国可借鉴 OECD 和欧盟的研究经验，将住户与个人的 ICT 接触和使用情况结合在一起，对住户及个人的 ICT 接触机会、使用频率、使用技巧、对互联网和电子商务的使用等情况进行调查。我国在设计调查问卷时，应在借鉴国际已发布问卷的基础上，结合本国信息化发展和调查方法选择的实际情况进行补充或修改，设计一套规范的企业和住户的 ICT 使用调查问卷体系。

6. 规范调查程序

目前国家统计局开展的信息化调查是由接受调查的各行业司局负责数据的调查和初审，服务业司负责调查数据的通审和汇总，这样的调查流程存在管理分散、调查标准不统一和调查错误反馈不及时等缺点。我国信息化调查的程序还应该进一步规范，可由国家统计局专业的统计调查队负责全程跟进完成，包括问卷发放、问题解释、数据收集、整理和录入、数据分析和问题反馈等步骤。由专业的统计调查队来负责调查，调查人员完善的统计知识可以有效降低调查中的非抽样误差，以提高调查数据的质量，同时，调查数据统一收集、集中管理，方便发现问题并及时反馈给企业修改，有助于提高调查的效率。

---

① 欧盟的企业 ICT 使用调查问卷包括：企业对 ICT 系统使用情况的描述性信息、互联网的使用、通过互联网的电子商务、通过外部局域网络的电子商务、企业基本信息五个部分，内容较 OECD 和美国的问卷全面，可供我国参考。

参 考 文 献

波拉特 M. 1987. 信息经济论[M]. 李必详，等译. 长沙：湖南人民出版社.

贝尔 D. 1984. 后工业社会的来临——对社会预测的一项探索[M]. 高铦，王宏周，魏章玲译. 北京：商务印书馆.

曹玉书，吕兰英. 1996. 宏观调控机制创新[M]. 北京：中国计划出版社.

陈希孺. 2000. 数理统计学：世纪末的回顾与展望[J]. 统计研究，（2）：27-32.

陈禹，谢康. 1997. 马克卢普知识产业论及其影响[J]. 图书情报工作，（7）：9-13.

陈禹，谢康. 1998. 知识经济的测度理论与方法[M]. 北京：中国人民大学出版社.

邓景毅，罗伟其，郑欣. 2002. 广东省信息产业投入产出初步分析[J]. 暨南大学学报，（5）：25-30.

方宽，杨小刚. 2001. 对信息产业统计界定的思考[J]. 统计研究，（11）：3-6.

高敏雪. 2001. 卫星账户及其在美国的应用[J]. 统计研究，（8）：8-12.

葛洛庞蒂 N. 1997. 数字化生存[M]. 胡泳译. 海口：海南出版社.

何锦义. 1999. 高技术产业的界定及在我国存在的问题[J]. 统计研究，（7）：16-20.

贺铿. 1989. 关于信息产业和信息产业投入产出表的编制方法[J]. 数量经济技术经济研究，（2）：34-40, 33.

黄辉，韩胜娟，毛鑫. 2012. 江西省信息产业投入产出分析[J]. 华东交通大学学报，29（2）：101-107.

纪玉山. 2000. 网络经济[M]. 长春：长春出版社.

蒋萍. 2001. 政府部门非市场服务产出核算的有关问题[J]. 统计研究，（5）：9-16.

金笙，杨冬林. 2003. 从带动度系数看信息产业在国民经济中的作用[J]. 北京林业大学学报（社会科学版），（1）：56-60.

金越. 2004. 网络信息资源的评价指标研究[J]. 情报杂志，（1）：64-66.

靳向兰. 2000. 北京市四次产业部门投入产出表的研制与关键部门的确定[J]. 首都经济贸易大学学报，（6）：54-58.

经济合作与发展组织. 2000a. 技术国际收支手册[M]. 北京：新华出版社.

经济合作与发展组织. 2000b. 研究与发展调查手册[M]. 北京：新华出版社.

经济合作与发展组织. 2000c. 专利科技指标手册[M]. 北京：新华出版社.

经济合作与发展组织，欧盟统计局. 2000a. 技术创新调查手册[M]. 北京：新华出版社.

经济合作与发展组织，欧盟统计局. 2000b. 科技人力资源手册[M]. 北京：新华出版社.

经济和社会事务部统计司. 2009. 所有经济活动的国际标准行业分类修订本[M]. 第 4 版. 联合

国纽约.

荆林波. 2005. 信息服务与经营模式[M]. 北京：经济科学出版社.

靖继鹏. 2002. 应用信息经济学[M]. 北京：科学出版社.

靖继鹏. 2004. 信息经济学[M]. 北京：清华大学出版社.

靖继鹏，王欣，窦平安. 1993. 吉林省信息产业测度分析[J]. 情报学报，12（6）：433-444.

科斯. 1990. 企业、市场与法律[M]. 盛洪，陈郁译. 上海：上海三联书店.

隗斌贤. 2000. 知识经济形态下的产业分类与计量研究[J]. 统计与决策，（6）：7-9.

李国秋，吕斌. 2010. 国际标准产业分类新版（ISIC Rev. 4）的信息产业分类分析[J]. 图书情报
知识，（5）：118-124.

李连友. 2002. 关于信息产业统计核算的探讨[J]. 统计研究，（6）：58-62.

李连友. 2005. 信息产业核算的理论和方法[M]. 北京：中国财政经济出版社.

李培，刘淑华. 2000. 论网上信息资源的评价标准[J]. 图书情报工作，（9）：28-30.

李强. 2013. 我国信息化统计工作的现状与发展[J]. 中国统计，（2）：4-6.

联合国，等. 1995. 国民经济核算体系（1993）[M]. 国家统计局国民经济核算司译. 北京：中国
统计出版社.

梁海丽，于洪彬. 1999. 我国信息化水平指数测度研究[J]. 情报资料工作，（4）：4-8.

梁莱歆，刘建秋. 2002. 湖南省信息产业经济效益分析[J]. 中南工业大学学报（社会科学版），
（2）：112-116.

刘灿姣，陈能华. 2003. 信息资源测度指标体系之构建[J]. 湘潭大学社会科学学报，（3）：
147-149.

刘长新，蒋萍. 1995. 国民经济统计学[M]. 北京：中国统计出版社.

刘杰，黄德林. 2006. 重庆市信息产业投入产出分析[J]. 重庆邮电学院学报（社会科学版），（6）：
828-830.

刘骏民. 1998. 从虚拟资本到虚拟经济[M]. 济南：山东人民出版社.

刘起运，彭志龙. 2010. 中国 1992~2005 年可比价投入产出序列表及分析[M]. 北京：中国统计
出版社.

刘树成，李实. 2000. 对美国"新经济"的考察与研究[J]. 经济研究，（8）：3-11，55-79.

刘杨，赵家章，翟有龙. 2006. 我国信息产业发展水平的实证分析[J]. 科技情报开发与经济，（4）：
248-250.

刘泽琴，刘胜花. 2011. 信息产业对河北省就业的影响——基于投入产出法的分析[J]. 北华航天
工业学院学报，21（2）：16-19，30.

刘昭东，宋振峰. 1994. 信息与信息化社会[M]. 北京：科学技术文献出版社.

吕斌，李国秋. 2006. 信息社会测度：信息社会研究的新焦点[J]. 中国图书馆学报，（1）：18-23.

马费成，等. 1997. 信息经济学[M]. 武汉：武汉大学出版社.

马克卢普 F. 2007. 美国的知识生产与分配[M]. 孙耀君译. 北京：中国人民大学出版社.

倪波，等. 1996. 信息传播原理[M]. 北京：书目文献出版社.

倪明，徐福缘. 2005. 企业信息化对经济增长贡献的实证研究[J]. 情报学报，24（4）：460-466.

彭斐章. 1996. 书目情报服务的组织与管理[M]. 武汉：武汉大学出版社.

齐志强. 2012. 中国信息产业发展与自主创新——基于投入产出视角[J]. 技术经济与管理研究，

（8）：33-37.

秦海菁. 2004. 知识经济测评论[M]. 北京：社会科学文献出版社.

秦玫芬. 2000. 信息化水平测算方法的改进及实例研究[J]. 情报理论与实践，（5）：325-327.

邱东. 1991. 多指标综合评价方法的系统分析[M]. 北京：中国统计出版社.

邱东. 2001. 国民经济统计学[M]. 大连：东北财经大学出版社.

邱东. 2002. 国民经济核算[M]. 北京：经济科学出版社.

邱东. 2003. 国民经济统计方法论研究的中外比较[J]. 统计研究，（11）：3-8.

邱东，蒋萍. 2008. 国民经济统计前沿问题[M]. 北京：中国统计出版社.

邱东，汤光华. 1997. 对综合评价几个阶段的再思考[J]. 统计教育，（4）：25-27.

邱东，杨仲山. 2004. 当代国民经济统计学主流[M]. 大连：东北财经大学出版社.

邱均平. 1997. 论信息资源与社会发展的关系[J]. 图书情报工作，（2）：10-15.

屈超，张美慧. 2015. 国际ICT卫星账户的构建及对中国的启示[J]. 统计研究，（7）：74-80.

沈红芳，李晓红. 2000. 信息服务业的结构研究[J]. 图书馆杂志，（3）：1-3.

石小玉. 2002. 世界经济统计研究的新进展[M]. 北京：中央广播电视大学出版社.

时文生，金允汶. 1995. 关于信息需求与国民经济发展规模之间内在关系的初步定量研究[J]. 情报学报，（2）：99-106，120.

数字中国研究院. 2000. 新兴的数字经济[M]. 北京：中国友谊出版公司.

司有和. 2001. 信息产业学[M]. 重庆：重庆出版社.

宋海艳，郑建明. 2007. 社会信息化的信息资源测度理论分析[J]. 情报科学，（12）：1773-1777.

宋玲. 2001. 信息化水平测度的理论与方法[M]. 北京：经济科学出版社.

苏红亮，张畅. 2003. 高新技术企业价值评估方法探析[J]. 北京市财贸管理学院干部学报，（1）：25-27.

孙华良，赵邦宏，李剑. 河北省信息产业投入产出分析[J]. 经济论坛，（11）：12-13.

孙娜，刘伟. 2002. 分离某信息产业相应数据若干方法的讨论[J]. 吉林省经济管理干部学院学报，（6）：21-22.

王道平. 2000. 网络经济[M]. 石家庄：河北人民出版社.

王辅信，胡国强，张许颖，等. 1998. 中国各地区投入产出分析与产业结构变化研究[J]. 数量经济技术经济研究，（9）：41-44.

王璟. 2003. B-S 模型价值评估法[J]. 山西财税，（5）：46-47.

王庆石. 1994. 统计指标导论[M]. 大连：东北财经大学出版社.

王少豪，李博. 2000. 网络公司价值分析及评估方法[J]. 中国资产评估，（6）：21-26.

王悦. 2007. 我国信息产业对经济增长促进作用的计量分析[J]. 统计与决策，（12）：71-73.

王则柯. 2002. 无视科学底线的大胆创新——陈禹、谢康《知识经济的测度理论与方法》评述[J]. 经济学（季刊），（1）：485-488.

王中华. 1989. 信息产业投入产出表的编制及其模型应用[J]. 中南财经大学学报，（4）：57-60.

魏和清. 2007. 知识经济测度方法研究[D]. 东北财经大学博士学位论文.

魏江，Mark B，等. 2004. 知识密集型服务业与创新[M]. 北京：科学出版社.

乌家培. 1993. 信息与经济[M]. 北京：清华大学出版社.

乌家培. 2000. 网络经济及其对理论的影响[J]. 学术研究，（1）：4-10.

吴先锋，吴伟. 2006a. 信息经济投入产出表的编制方法与应用[J]. 统计与决策，（21）：64-66.

吴先锋，吴伟. 2006b. 重庆信息经济的测度分析[J]. 经济论坛，（21）：37-39.

吴先锋，吴伟. 2006c. 重庆信息经济影响的投入产出分析[J]. 情报杂志，（12）：123-125.

夏皮罗 K，瓦里安 H. 2000. 信息规则[M]. 孟昭莉，牛露晴译注. 北京：中国人民大学出版社.

向蓉美. 2007. 对信息产业界定的思考[J]. 统计与决策，（6）：1-177.

小松崎清介. 1994. 信息化与经济发展[M]. 李京文译. 北京：社会科学文献出版社.

谢康，肖静华. 1997. 信息资源测度、国际比较与中国的战略选择[J]. 情报学报，（3）：42-51.

邢志强. 1998. 河北省社会信息化指数的测算、比较与分析[J]. 情报理论与实践，（3）：95-98.

邢志强，宋淑凤. 2000. 我国社会信息化指数测度研究述评[J]. 情报理论与实践，（4）：307-311.

邢志强，赵秀恒. 2002. 信息化对经济增长影响的量化分析[J]. 运筹与管理，（2）：95-99.

熊俊顺，刘干. 2005. 浙江省信息产业投入产出分析[J]. 浙江统计，（8）：8-11.

徐升华，毛小兵. 2003. 信息产业与经济增长：理论与实证分析[J]. 江西财经大学学报，（3）：
63-67.

许晶华. 2001. 信息产业分类体系的比较研究[J]. 情报学报，（10）：618-624.

颜庆茁，曾昭磐. 2003. 福建省信息经济投入产出分析[J]. 集美大学学报（自然科学版），（2）：
149-153.

杨灿. 1996. 宏观经济核算论[M]. 北京：中国统计出版社.

杨灿. 2002. 国内生产、国民收入与国民核算的主体原则[J]. 统计与决策，（3）：4-6.

杨灿. 2006. 关于总产出核算方法及其理论规范的探讨[J]. 统计研究，（2）：1-7.

杨仲山. 2002. 国民经济核算方法论纲[M]. 北京：中国统计出版社.

杨仲山. 2006. 基于网络经济认识的核算方法研究——解析网络时代 GDP 的有效性[J]. 财经问
题研究，（2）：26-32.

杨仲山，何强. 2008. 国民经济核算体系（1993SNA）修订问题研究[M]. 大连：东北财经大学
出版社.

杨仲山，屈超. 2009. 信息经济测度方法的系统分析[M]. 北京：科学出版社.

于春廉. 2000. 澳大利亚信息经济发展概况和战略[J]. 全球科技经济瞭望，（3）：26-28.

袁建文. 2007. 广东省信息产业投入产出分析[J]. 广东商学院学报，（3）：72-76.

袁静. 2006. 网络信息资源评价指标研究的回顾及相关问题的思考[J]. 图书馆论坛，（5）：
280-282.

袁勤俭. 2003. 国内外信息产业研究述评[J]. 图书馆理论与实践，（1）：1-2，19.

袁勤俭. 2011. ANZSIC 产业分类体系的演化及其启示[J]. 统计与决策，（7）：8-12.

袁勤俭. 2012. 国际标准产业分类体系的演化及其启示[J]. 统计与决策，（24）：7-12.

曾昭磐. 2001. 根据"全口径"投入产出表编制信息投入产出表的矩阵方法及应用[J]. 系统工程
理论与实践，（1）：36-40.

张媛媛，刘杨. 2012. 国内外信息产业行业分类体系综述[J]. 现代电信科技，（2）：53-59.

赵广凤，刘秋生. 2006. 信息化与国民经济增长相关分析[J]. 商场现代化，（31）：320-321.

赵丽霞，刘元庆，林丹萍. 2006. 福建省信息产业的附属账户测度研究[J]. 郑州航空工业管理学
院学报，（2）：108-112.

赵筱媛，靖继鹏. 2005. 企业信息资源配置效率的评价指标体系及实证研究[J]. 情报学报，（4）：

467-472.

赵正龙. 2003. 信息产业定义与范畴的新界定[J]. 科学学研究，（S1）：51-59.

郑建明，王育红，张庆锋. 2000. 中国社会信息化进程测度报告[J]. 情报学报，（10）：865-870.

郑京平，杨京英. 2005. 中国信息化评价与比较研究[M]. 北京：中国统计出版社.

周先波. 2001. 信息产业与信息技术的经济计量分析[M]. 广州：中山大学出版社.

朱海平. 2009. 政府财政统计体系采用权责发生制的现实基础与理论背景[J]. 经济体制改革，（1）：128-132.

朱天福. 2009. 工业增加值核算问题研究[J]. 浙江统计，（7）：18-20.

朱新玲，黎鹏. 2005. 信息产业对经济增长贡献的计量分析[J]. 统计与信息论坛，（6）：59-62.

朱炎亮，蔡东宏. 2007. 信息化对海南省经济增长影响实证分析[J]. 情报杂志，（10）：82-84.

OECD. 1997. 以知识为基础的经济[M]. 北京：机械工业出版社.

OECD. 2004. OECD 科学技术和工业记分牌（2003）[M]. 北京：科学技术文献出版社.

Smith S L J. 2004. 旅游测度与旅游卫星账户[M]. 赵丽霞，刘臻译. 北京：中国统计出版社.

Audretsch D B，Welfens P J J. 2002. The New Economy and Economic Growth in Europe and the US[M]. Springer-Verlag New York，Inc.

Biddle G C，Bowen R M，Wallace J S. 1997. Does EVA beat earnings？Evidence on associations with stock returns and firm values[J]. Journal of Accounting and Economics，24（3）：301-336.

Brynjolfsson E. 1993. The productivity paradox of information technology[J]. Communications of the ACM，36（12）：66-77.

Brynjolfsson E，Lorin M，Hitt. 2003. Computing productivity：firm-level evidence[J]. The Review Economics and Statistics，85（4）：793-808.

Brynjolfsson E，Lorin M，Yang S. 2002. Intangible assets：computers and organizational capital[J]. Brookings Papers on Economic Activity，（1）：137-198.

Brynjolfsson E.，Yang S Y. 1996. Information techonology and productivity：a review of the literature[J]. Advances In Computers，43（8）：179-214.

Burns A. 2008. Global economic prospects 2008：technology diffusion in the Developing World[J]. World Bank Publications，33（7）：1-180.

Commander S，Harrison R，Menezes-Filho N. 2011. ICT and productivity in Developing Countries：new firm-level evidence from Brazil and India[J]. Iza Discussion Papers，93（2）：528-541.

Dedrick J，Gurbaxani V，Kraemer K L. 2003. Information technology and economic performance：a critical review of the empirical evidence[J]. ACM Computing Surveys，35（1）：1-28.

Devaraj S，Kohlj R. 2000. Information techonology payoff in the health care industry：a longitudinal study[J]. Journal of Management Information System，16（4）：41-67.

Dimelis S P，Papaioannou S K. 2012. FDI and ICT effects on productivity growth：a comparative analysis of Developing and Developed Countries[J]. European Journal of Development Research，22（1）：79-96.

Eurostat，OECD，UNSTAT，et al. 2008. Tourism Satellite Account：Recommended methodology Framework[Z]. Madrid：World Tourism Organization.

Fishlar A，Machlup F. 1964. The production and distribution of knowledge in the United States[J].

Southern Economic Journal, 30 (4): 372.

Heathfield D, Denison E F. 1990. Estimates of productivity change by industry: an evaluation and an alternative[J]. The Economic Journal, 100 (399): 276-277.

Irawan T. 2014. ICT and economic development: comparing ASEAN member states[J]. International Economics and Economic Policy, 11 (1/2): 97-114.

Lars-Hendrik R, Leonard W. 2001. Telecommunications infrastructure and economic development: a simultaneous approach[J]. American Economic Review, 91 (4): 909-923.

Lyman P, Varian H R. 2003. How much information 2003[J]. School of Information Management, UC Berkeley.

Machlup F. 1962. The Production and Distribution of Knowledge in the United States[M]. New Jersey: Princeton University Press.

Noyelle T. 1990. Skills, Wages, and Productivity in the Service Sector[M]. Boulder: Westview Press.

OECD Home. 2011. OECD guide to measuring the information society 2011[J]. Sourceoecd Science & Information Technology, 2011, (209): i-209.

Porat M U. 1977. The Information Economy: Definition and Measurement[R]. U.S. Department of Commerce. U.S. Government Printing Office, Washington, D.C.

Riley H J G. 1979. The analytics of uncertainty and information-an expository survey[J]. Journal of Economic Literature, 17 (4): 1375-1421.

Rohman I K. 2013. The globalization and stagnation of the ICT sectors in European countries: an input output analysis[J]. Telecommunications Policy, 37 (4/5): 387-399.

Rosanne C, Ellen D, Nurhan H, et al. 1986. Quality-adjusted price indexes for computer processors and selected peripheral equipment[J]. Survey of Current Business.

Rubin M R, Huber M T, Taylor E L. 1986. The knowledge industry in the United States, 1960-1980[J]. Business Horizons, 30 (5): 85-86.

Schreyer P. 2001. Information and communication technology and the measurement of volume output and final demand-a five-country study[J]. Economics of Innovation & New Technology, 10 (5): 339-376.

Schultz C L, Mackie C D. 2002. At what Price? Conceptualizing and Measuring Cost-of-living and Price Indexes[M]. Washington D. C: National Academy Press.

Sherman R, Andrea C, Moataz E. 2001. Updating and estimating a social accounting matrix using cross entropy methods[J]. Economic Systems Research, 13 (1): 47-64.

Simon J P. 2011. The ICT landscape in BRICS countries: Brazil, India, China[R]. Jrc IPTS Working Papers.

Smith A G. 2007. Testing the surf: criteria for evaluating internet information resource[J]. The Public Access Computer Systems Review, 8 (3): 1-14.

Triplett J E. 1991. Hedonic methods in statistical agency environments: an intellectual biopsy[A]// Berndt E R, Triplett J E. Triplett In Fifty Years of Economic Measurement: The Jubilee of the Conference on Research in Income and Wealth[C]. Chicago: University of Chicago Press.

Triplett J E. 1999. The solow productivity paradox: what do computers do to productivity[J]. The

Canadian Journal of Economics，32（2）：309-334.

United Nations Statistics Division. 2008. System of National Accounts 2008. http://unstats.un.org/unsd/nationalaccount/sna2008.asp.

附　　　录

一、基本信息

01	贵企业是否在生产经营中使用计算机？　　□　　　1 是　　　2 否（如选"2 否"转至问题 04）
02	截至 2012 年底在生产经营中使用的计算机数量__台
03	贵企业有多少员工在工作中每周至少使用一次计算机__人？
04	贵企业是否有专职从事信息技术工作的人员？　　□　　　1 是　　　2 否
05	贵企业是否有局域网（LAN）　　□　　　1 是　　　2 否
06	贵企业在以下内部生产经营活动中是否采用信息化管理（可多选）？ 1 财务管理　　□　　　2 购销存管理　　□　　　3 生产制造管理　　□　　　4 物流配送管理□ 5 客户关系管理　　□　　　6 人力资源管理　　□　　　7 其他　　　　　　□
07	贵企业是否在生产经营中使用互联网？　　□　　　1 是　　　2 否（如选"2 否"停止调查）
08	贵企业有多少员工在工作中每周至少使用一次互联网__人？
09	贵企业通过哪些方式接入互联网（可多选）？ 1 窄带（固定拨号/ISDN）　□　　　2 固定宽带 □　　　3 移动宽带 □　　　4 其他 □ 如果通过移动宽带上互联网，通过什么手段（可多选）？ 3.1 笔记本 □　　　3.2 平板电脑 □　　　3.3 手机 □　　　3.4 其他 □
10	贵企业的互联网接入带宽是多少？　　□ 1 网速<1Mbps　　2 1Mbps≤网速<10Mbps　　3 10Mbps≤网速<30Mbps　　4 30Mbps≤网速<100Mbps 5 100Mbps≤网速<500Mbps　　6 500Mbps≤网速<1G　　7 网速≥1G
11	贵企业通过互联网开展过哪些与以下生产经营有关的活动（可多选）？ 01 收发电子邮件　□　　　02 了解商品和服务的信息　　　　　　　　　　　□ 03 从政府机构获取信息　□　　　04 与政府机构互动（不包括从政府机构获取信息）　□ 05 使用网上银行　□　　　06 使用其他金融服务（网上交易股票、基金、保险等）　□ 07 提供客户服务　□　　　08 拨打互联网电话或召开视频会议　　　　　　　　□ 09 在线提供产品　□　　　10 发布信息或即时消息　　　　　　　　　　　　　□ 11 员工培训　□　　　12 对外或者对内招聘　　　　　　　　　　　　　　　□ 13 其他　□
12	贵企业是否有网站？　　□　　　1 是　　　2 否（如选"2 否"转至问题 14）

续表

	一、基本信息
13	截至 2012 年底拥有网站数量__个
14	贵企业是否通过互联网对本企业进行宣传和推广？□　　1 是　　2 否（如选"2 否"转至问题 16）
15	贵企业通过互联网对本企业进行宣传和推广时，具体采取哪些形式（可多选）？ 1 独立网站（自有网站）□　　2 互联网广告 □　　3 搜索引擎 □　　4 电子商务平台 □ 5 电子邮件 □　　6 微博 □　　7 博客 □　　8 社交网站 □ 9 其他 □
	二、电子商务
16	贵企业 2012 年是否通过互联网接收商品或服务的订单（电子商务销售）？□　1 是　　2 否（如选"2 否"转至问题 17） 如果选"1 是"，全年电子商务销售金额（不含增值税）__千元 其中：销售给企业（单位）（B2B）__千元，销售给消费者个人（B2C）__千元
17	贵企业 2012 年是否通过互联网发出商品或服务的订单（电子商务采购）？□　1 是　　2 否（如选"2 否"停止调查） 如果选"1 是"，全年电子商务采购金额（不含增值税）__千元

资料来源：国家统计局

附表 2　OECD 企业 ICT 使用情况调查问卷（2005）

	一、企业对 ICT 使用情况的基本信息
01	贵企业是否在生产经营中使用计算机？　□　　1 是　　2 否
02	贵企业在生产中是否使用互联网或其他计算机网络？　□　　1 是　　2 否（如选"2 否"转至问题 25）
03	贵企业使用过下列哪些信息技术（可多选）？ 1 企业内部网 □　　2 企业和其他机构之间的外联网 □　　3 局域网（LAN）□ 4 广域网（WAN）□　　5 任何一项都没有 □
04	贵企业是否使用互联网？　□　　1 是　　2 否（如选"2 否"转至问题 19）
05	贵企业的雇员中，使用互联网办公的人数占总雇员人数的比例
06	贵企业通过哪些方式接入互联网（可多选）？ 1 窄带（固定拨号/ISDN）□　　2 固定宽带 □　　3 移动宽带 □　　4 其他 □
07	贵企业采用了下列哪些 IT 安全措施（可多选）？ 1 定期更新病毒检查或保护软件 □　　2 反间谍软件定期更新 □　　3 防火墙 □ 4 过滤器 □　　5 客户端和服务器之间的保密通信 □　　6 为用户提供经过验证的软件和硬件 □ 7 入侵侦测系统 □　　8 定期备份商务运作中的重要数据 □　　9 离线数据备份 □ 10 没有 IT 安全措施 □
08	贵企业是否遭到过由病毒入侵导致的数据丢失或软件损坏？　□　　1 是　　2 否
	二、公司在运作中如何使用 ICT
09	贵企业是否通过互联网订购货物或服务？　□　　1 是　　2 否
10	贵企业是否通过互联网接收订购货物或服务的订单？　□　　1 是　　2 否（如选"2 否"转至问题 14）

二、公司在运作中如何使用 ICT

11	贵企业通过互联网的销售营业额占企业总营业额的比例
12	请填写网络订单中出现故障的比例（销售） 出售的产品类型 　1 实体产品（下令联机和脱机交付）_____%　　　2 数字化产品（下载或在线访问）_____% 　3 服务命令下达订单后掉线_____% 如何收到订单 　1 通过网站上的在线订购设备_____%　　　2 通过其他网站（专业代理网站）_____% 　3 通过其他互联网技术（请注明）_____% 消费者类型 　1 其他企业_____%　　2 个人消费者_____%　　3 政府或非营利机构_____% 消费者所在地区 　1 本国_____%　　2 其他国家_____%
13	贵企业在进行网络销售时，意识到下列哪些福利（可多选）？ 　1 减少运输时间 □　　2 提高服务质量 □　　3 减少商务成本 □ 　4 提升销售量 □　　5 了解行业竞争信息 □　　6 更好地了解消费者需求 □
14	下列哪些因素限制了贵公司的网络销售（可多选）？ 　1 产品不适合网络销售 □　　2 安全考虑 □　　3 隐私考虑 □ 　4 消费者偏好传统（面对面）交易方式 □　　5 网络交易法律法规的不确定性 □ 　6 发展和维护成本高 □　　7 缺少有相关技术的员工 □
15	贵企业是否有网站？　□　　1 是　　2 否（如选"2 否"转至问题 17）
16	贵企业网站具有下列哪些特征（可多选）？ 　1 产品及价目表 □　　2 为老客户提供信息或定制网络页面 □　　3 在线收集客户信息 □ 　4 隐私政策声明 □　　5 在线订购 □　　6 在线支付 □ 　7 售后服务保障 □　　8 订单跟踪 □　　9 安全政策声明 □
17	贵企业通过网络与政府进行下列哪些业务（可多选）？ 　1 获取政府机构信息 □　　2 下载政府表格 □　　3 完成或发送已完成的表格 □ 　4 对政府部门进行网络支付 □　　5 其他（请注明）　　6 不采用互联网方式与政府机构沟通 □
18	贵企业在下列哪些领域运用了互联网（可多选）？ 　1 财务 □　　2 人员招聘 □　　3 员工培训 □　　4 公司信息发布和分享 □ 　5 上述都没有 □
19	贵企业在下达订单时，相比于使用互联网，是否更偏好于使用计算机网络？　□　　1 是　　2 否
20	贵企业在接收网络订单时，相比于使用互联网，是否更偏好于使用计算机网络？　□　　1 是　　2 否（如选 "2 否"转至问题22）
21	贵企业网络订单销售额占企业总营业额的比例是多少_____%
22	贵企业是否通过计算机网络下达或接收货物（服务）订单？　□　　1 是　　2 否（如选"2 否"转至问题25）
23	贵企业下达订单系统是否与下列系统自动连接（可多选）？ 　1 供应商电脑系统 □　　2 采购伙伴计算机系统 □　　3 企业电脑系统 □ 　4 订购和库存控制 □　　5 会计功能 □　　6 生产或服务操作 □ 　7 其他内部或外部计算机系统 □　　8 上述均没有 □

	二、公司在运作中如何使用 ICT
24	贵企业接收订单系统是否与下列系统自动连接（可多选）？ 1 供应商电脑系统 □　　2 采购伙伴计算机系统 □　　3 企业电脑系统 □ 4 订购和库存控制 □　　5 会计功能 □　　6 交付的产品 □　　7 生产或服务操作 □ 8 市场营销或货物关系管理 □　　9 其他 □　　10 上述均没有 □
25	请描述贵企业主要业务活动
26	贵企业雇佣员工人数
27	贵企业总营业额

资料来源：Guide to measure information and communication technology 2011.OECD

附表 3　欧盟企业 ICT 使用情况调查问卷（2006）

	A、ICT 系统基本信息
A1	贵企业是否在生产经营中使用计算机？　□　　1 是　　2 否（如选"2 否"转至问题 X1）
A2	贵企业雇员中对互联网使用频率不低于一周一次的员工占总体员工的比例
A3	贵企业员工是否有接入公司计算机系统的机会？　□　　1 是　　2 否（如选"2 否"转至问题 A5）
A4	上述员工在下列哪些地点接入公司计算机系统（可多选）？ 1 家中 □　　2 客户或其他外部企业合作伙伴住处 □　　3 企业其他分部 □ 4 出差（宾馆或机场等）□
A5	贵企业在雇佣具有 ICT 技能的人员方面，是否存在困难？　□　　1 是　　2 否（如选"2 否"转至问题 A7）
A6	贵企业在雇佣人员时是否存在下列问题（可多选）？ 1 ICT 技术人员难以雇佣 □　　2 ICT 专家难以雇佣 □　　3 ICT 专家雇佣成本高 □
A7	贵企业使用过哪些信息通讯技术（可多选）？ 1 无线局域网 □　　2 有线局域网 □　　3 企业内部网 □　　4 企业外部网 □
A8	贵企业是否有管理接收或下达网络订单的 IT 系统？　□　　1 是　　2 否（如选"2 否"转至问题 A10）
A9	贵企业管理订单的 IT 系统与下列哪些 IT 系统自动链接（可多选）？ 1 内部系统 □　　2 发票和支付系统 □　　3 生产、物流操作系统 □ 4 供应商业务系统 □　　5 客户业务系统 □
A10	贵企业在与客户和其他公司联系时，在多大程度上用电子邮件代替了传统邮递信件（单选）？ 1 没有替代 □　　2 轻微的替代 □　　3 大部分的替代 □　　4 基本上全部替代 □ 5 从不采用邮递信件的方式与客户或企业沟通 □

	B、ICT 使用情况
B1	贵企业是否使用互联网？　□　　1 是　　2 否（如选"2 否"转至问题 D1）
B2	贵企业的雇员中，每周登录万维网（world wide web）的人占总员工人数的比例
B3	贵企业通过下列哪些方式进行外部连接互联网连接（可多选）？ 1 电话拨号访问 □　　2 ISDN 连接 □　　3 DSL（xDSL，ADSL，SDSL）连接 □ 4 其他固定互联网连接 □　　5 移动接入 □
B4	贵企业最高下载速度可达到多少？ 1 低于 144kb/s □　　2 144kb/s 到 2MB/s 之间 □　　3 高于 2MB/s □

续表

	B、ICT 使用情况		

B5	贵企业使用互联网的用途（可多选）？ 1 银行或财务服务 □　　2 培训和教育 □　　3 市场监测 □　　4 接受数字产品或服务 □ 5 接收售后服务 □		
B6	贵企业是否通过互联网与政府之间进行沟通？　1 是　2 否（如选"2 否"转至问题 B8）		
B7	贵企业通过互联网与政府沟通的内容是什么（可多选）？ 1 获取信息 □　　2 获取表格（例如：税务表）□　　3 提交表格 □　　4 提交提案 □		
B8	贵企业是否有网站？　□　　1 是　　2 否（如选"2 否"转至问题 B10）		
B9	贵企业是否通过网站进行市场营销？　□　　1 是　2 否		
B10	贵企业采用了下列哪些 IT 安全措施（可多选）？ 1 定期更新病毒检查或保护软件 □　　2 防火墙 □　　3 客户端和服务器之间的保密通信 □ 4 离线数据备份 □		
B11	通过下列安全设施与企业进行通讯是否可能（可多选）？ 1 电子数字签名作为客户的身份验证机制 □　　2 其他身份验证机制（例如 PIN 码）□ 3 数据加密机制 □		
B12	贵企业是否遇到 ICT 相关的安全问题？　□　　1 是　2 否		

	C、电子商务情况		

C1	贵企业是否通过互联网向消费者提供网上财政服务？　□　　1 是　2 否（如选"2 否"转至问题 D）		
C2a	贵企业提供的产品和服务包括哪些（可多选）？ 1 支付服务 □　　2 储蓄服务 □　　3 借贷服务 □　　4 投资服务 □　　5 保险服务 □		
C2b	下列哪些服务是通过互联网接收订单的（可多选）？ 1 支付服务 □　　2 储蓄服务 □　　3 借贷服务 □　　4 投资服务 □　　5 保险服务 □		
C3	运用贵企业网站进行支付的消费者占总消费者的比例		
C4	贵企业网上订单营业额占公司总营业额的比重		
C5	通过贵企业网站购买保险服务的营业额占企业保险服务总营业额的比重		
C6	请给出下列对地区互联网金融业务的销售额占全部互联网金融业务营业额的比重 1 本国 □　　2 其他欧盟国家 □　　3 世界其他地区 □		

	D、通过非互联网的计算网络进行的电子商务情况		

D1	贵公司是否通过非互联网的其他计算机网络接收订单？　□　　1 是　2 否（如选"2 否"转至问题 X）		
D2	贵公司通过下列哪些电子网络接收订单（可多选）？ 1 接收客户批量订单付款的网络 □　　2 接收私人客户信用卡或现金支付服务的自助服务网络 □ 3 与销售代理计算机系统连接的接收订单的网络 □		

	X、背景信息		

X1	企业主要经营的业务		
X2	企业雇佣员工人数		
X3	企业所在地		

资料来源：Methodological manual for statistics on the Information Society.Eurostat.2006

附表 4　OECD 住户及个人 ICT 使用情况调查问卷（2005）

A、ICT 的接触机会

1	家庭成员（至少一位）是否能够接触到计算机？ □　　1 是　　2 否
2	家庭中是否有成员上网？ □　　1 是　　2 否（选"2"否转至 5）
3	在家通过下列哪些工具访问互联网（可多选）？ 1 电脑 □　　2 智能手机 □　　3 带有上网功能的数字电视 □　　4 游戏机 □ 5 其他方式 □　　6 不清楚 □
4	通过下列哪些方式连接互联（可多选）？ 1 电话拨号访问 □　　2 DSL（xDSL，ADSL，SDSL）连接 □　　3 其他宽带连接 □ 4 移动接入 □
5	在家不访问互联网的原因是什么（可多选）？ 1 不感兴趣 □　　2 成本过高 □　　3 缺少上网技能 □　　4 网上信息具有伤害性 □ 5 在其他地方上网 □　　6 安全考虑（网上病毒）□　　7 隐私和私人信息安全顾虑 □ 8 上述都不是 □

B、家庭成员对 ICT 使用情况

6	您过去最近一次使用电脑是什么时候？ 1 3 个月内 □　　2 3 个月至 1 年 □　　3 多于一年 □ 4 从来不用 □　　（选"3"转至 9；选"4"转至 9）
7	过去的 1 年中，是否在家使用电脑？　□　　1 是　　2 否（如选"2"否转至问题 9）
8	过去 1 年中，您使用电脑进行文件备份的频率？ 1 经常 □　　2 偶尔 □　　3 从不 □　　4 没有把文件存在电脑中的习惯 □
9	您过去最近一次使用互联网是什么时候？ 1 3 个月内 □　　2 3 个月全 1 年 □　　3 多于一年 □ 4 从来不用 □　　（选"2"转至 11；选"3"转至 24；选"4"转至 24）
10	过去 1 年中，您使用互联网的频率？ 1 每天一次 □　　2 每星期一次 □　　3 每个月一次 □　　4 多余一个月一次 □
11	过去的 1 年中，您通过下列哪些移动接入的方式连接互联网？ 1 WAP、GPRS 或移动数据网络 □　　2 3G 移动网络 □　　3 无线网络 □
12	过去的 1 年中，您是否在家使用过互联网？　□　　1 是　　2 否（选"2"转至 17）
13	过去的 1 年中，您在家使用互联网的频率？ 1 每天一次 □　　2 每星期一次 □　　3 每个月一次 □　　4 多余一个月一次 □
14	过去的一年中，您是否通过计算机连接过互联网 □　　1 是　　2 否（选"2"转至 17）
15	您在家连接互联网时，是否经历过病毒入侵或其他袭击，而导致数据丢失或软件损伤？　□　　1 是 2 否　　3 不清楚
16	您连接互联网的电脑采用了什么保护措施？ 1 病毒检查和软件保护 □　　2 防火墙 □　　3 防入侵软件 □
17	过去的一年中，您是否在家庭以外的地方连接了互联网？　□　　1 是　　2 否（选"2"转至 19）
18	您在下列哪些地方连接过互联网（可多选）？ 1 工作场地 □　　2 教育场地 □　　3 其他人家中 □　　4 拥有网络连接设备的社区 □ 5 拥有互联网连接设备的商业区域 □

续表

	B、家庭成员对 ICT 使用情况
19	在过去的 1 年中，您通过互联网进行过下列哪些出于个人目的的操作？ 获取信息 　1 货物和服务 □　　2 工作机会 □　　3 健康或健康服务相关 □　　4 政府机构 □ 　5 其他网页的浏览 □ 通讯 　1 接收/发送邮件 □　　2 互联网电话 □　　3 其他通讯 □ 销售商品和服务 互联网银行 □ 求职 □ 培训和教育 □ 电子政务 　1 下载表格 □　　2 传输文件 □　　3 网上支付 □ 休闲活动 　1 下载网上音乐 □　　2 网上游戏 □　　3 下载电影 □　　4 收看网络电视 □ 　5 阅读或下载电子书 □　　6 下载软件 □
20	您最近一次网上购物是什么时候？ 　1 3 个月内 □　　2 3 个月至 1 年 □　　3 多于一年 □ 　4 从来不用 □　　（选"3"转至 23；选"4"转至 23）
21	下列哪些产品是您网上购物的选择内容（可多选）？ 　1 电子书刊杂志 □　　2 纸质书刊杂志 □　　3 衣物 □　　4 计算机设备 □ 　5 电子游戏 □　　6 计算机软件 □　　7 金融产品 □　　8 食品 □ 　9 信息技术和通讯服务 □　　10 数字电影 □　　11 音乐 □　　12 摄影设备 □ 　13 订票 □　　14 旅行产品 □
22	过去的 1 年中，您网上购物花费的总金额
23	您不在网上购物的原因是什么（可多选）？ 　1 不感兴趣 □　　2 更喜欢实体店购物 □　　3 缺少上网技巧 □　　4 安全和隐私考虑 □ 　5 货物质量考虑 □　　6 其他 □
24	您是否有自己的移动手机？　□　　1 是　　2 否（如选"2 否"转至最后）
25	您使用移动手机的用途包括哪些（可多选）？ 　1 上网，浏览网页 □　　2 发送和接收讯息 □　　3 发送和接收图片 □　　4 下载音乐 □ 　5 为商品支付 □

资料来源：Guide to measure information and communication technology 2011.OECD

附表 5　欧盟住户及个人 ICT 使用情况调查问卷（2006）

	A、ICT 的接触机会（针对住户）
A1	家庭成员（至少一位）是否能够接触到下列设备？ 　1 电视 □　　2 固定电话 □　　3 移动电话 □　　4 游戏机 □　　5 台式电脑 □ 　6 便携式电脑 □　　7 上述均没有 □
A2	家庭中是否有成员上网？ 　　□　　1 是　　2 否　　3 不清楚（选"1 是"转至 A3、选"2 否"转至 A5、选"3 不清楚"转至 B1）

	A、ICT 的接触机会（针对住户）		
A3	在家通过下列哪些工具访问互联网（可多选）？ 1 台式电脑 □　　2 便携式电脑 □　　3 带有上网功能的数字电视 □　　4 游戏机 □ 5 其他方式 □　　6 不清楚 □		
A4	通过下列哪些方式连接互联网（可多选）？ 1 电话拨号访问 □　　2 DSL（xDSL，ADSL，SDSL）连接 □　　3 其他宽带连接 □ 4 移动接入 □		
A5	在家不访问互联网的原因是什么（可多选）？ 1 在其他地方访问 □　　2 不想访问 □　　3 不需要 □　　4 设备成本太高 □ 5 连接成本太高 □　　6 缺少上网技能 □　　7 生理缺陷 □　　8 隐私和安全顾虑 □ 9 上述都不是 □		
	B、移动电话、电脑的使用情况（针对家庭成员）		
B1	您过去最近一次使用电脑是什么时候？ 1 3 个月内 □　　2 3 个月至 1 年 □　　3 多于一年 □ 4 从来不用 □　　（选"1"转至 B2；选"2"转至 B4；选"3"转至 B4；选"4"转至 B4）		
B2	过去的 3 个月中，平均使用电脑的频率是？ 1 每天 □　　2 至少一周一次 □　　3 至少一个月一次 □　　4 少于一个月一次 □		
B3	过去的 3 个月中，您在哪使用电脑（可多选）？ 1 家中 □　　2 工作场地 □　　3 教育场所 □ 4 其他人家 □　　5 上述均不是 □		
B4	您是否使用手机？ □　　1 是　　2 否（如选"1 是"转至 B5、如选"2 否"转至问题 C1）		
B5	您在多大程度上用手机短信来取代传统邮寄信件？ 1 没有取代 □　　2 很小程度上 □　　3 很大程度上 □　　4 基本上全部 □ 5 使用手机之前就不用传统信件 □		
	C、互联网使用情况		
C1	您过去最近一次使用互联网是什么时候？ 1 3 个月内 □　　2 3 个月至 1 年 □　　3 多于一年 □ 4 从来不用 □　　（选"1"转至 C2；选"2"转至 E1；选"3"转至 E1；选"4"转至 F1）		
C2	过去的 3 个月中，平均使用互联网的频率是？ 1 每天 □　　2 至少一周一次 □　　3 至少一个月一次 □　　4 少于一个月一次 □		
C3	过去的 3 个月中，您在哪使用互联网（可多选）？ 1 家中 □　　2 工作场地 □　　3 教育场所 □ 4 其他人家 □　　5 上述均不是 □		
C4	您通过下列哪些移动工具连接互联网（可多选）？ 1 移动手机 □　　2 电脑 □　　3 都不是 □		
C5	您在多大程度上用互联网通信或电子邮件来取代传统邮寄信件？ 1 没有取代 □　　2 很小程度上 □　　3 很大程度上 □　　4 基本上全部 □ 5 使用互联网之前就不用传统信件 □		
C6	您是否有个人电子邮件地址？ □　　1 是　　2 否		

C、互联网使用情况

C7	在过去的 3 个月中，您通过互联网进行过下列哪些出于个人目的的操作？ 通讯 　1 发送/接收邮件 □　　2 通过互联网拨打电话 □　　3 其他 □ 信息搜索和网上服务 　1 搜集货物和服务信息 □　　2 使用旅游和住宿的服务 □　　3 收听网络广播/观看网络电视 □ 　4 下载游戏、图片及音乐 □　　5 下载软件 □　　6 阅读或下载网上报纸 □　　7 求职 □ 　8 搜索健康的相关信息 □　　9 其他网上服务信息 □ 销售商品和服务 　1 互联网银行 □　　2 销售货物和服务 □ 培训和教育 　1 正式的教育活动 □　　2 岗位教育课程 □　　3 其他关于就业机会的教育活动　□
C8	过去的 3 个月中，您是否收到过垃圾文件？　□　　1 是　　2 否

D、电子政务情况

D1	在与政府获取联系的时候，您是否更倾向于通过互联网的方式？ 　1 是的，我经常使用 □　　2 是的，我有这个意愿，但还没有实践过 □ 　3 不是 □　　（选"1"转至 D3；选"2"转至 D2；选"3"转至 D2）
D2	在与政府的沟通中，不采用互联网方式的原因是（可多选）？ 　1 网上很难找到我需要的服务 □　　2 失去私人沟通的机会 □　　3 回复时效慢 □ 　4 数据保护和安全的顾虑 □　　5 成本增加 □　　6 程序复杂 □　　7 上述都不是 □
D3	下列哪些事情您希望通过互联网来处理（可多选）？ 　1 缴税 □　　2 求职 □　　3 社会安全福利 □　　4 个人档案 □　　5 车辆登记 □ 　6 申请建筑许可 □　　7 向警方声明 □　　8 公共图书馆 □　　9 证书办理 □ 　10 高等教育学校招生 □　　11 地址变动 □　　12 医疗相关服务 □
D4	在过去的 3 个月中，您通过互联网与政府建立了什么联系？（可多选）？ 　1 在政府网站上获取信息 □　　2 下载官方文件 □　　3 传输文件 □

E、电子商务详情：活动和障碍

E1	您过去最近一次由于私人需要而使用互联网进行购物是什么时候？ 　1 3 个月内 □　　2 3 个月至 1 年 □　　3 多于一年 □ 　4 从来不用 □　　（选"1"转至 E2；选"2"转至 E2；选"3"转至 E6；选"4"转至 E6）
E2	您购买了什么类型的货物和服务（可多选）？ 　1 食品 □　　2 家庭用具 □　　3 电影，音乐 □　　4 书籍，报纸 □　　5 衣物 □ 　6 电脑软件 □　　7 电子设备 □　　8 财政保险 □　　9 旅游住宿 □　　10 门票 □ 　11 彩票 □　　12 其他 □
E3	在过去的一年中，您是否在通过下列网络途径购买商品（可多选）？ 　1 除互联网之外网络的营销商 □　　2 互联网上的营销商 □
E4	在过去的一年中，网上购物时是否遇到了一些问题？　□　　1 是　　2 否（如选"1 是"转至 E5；如选 "2 否"转至问题 F1）
E5	过去的一年中，网上购物都遇到什么问题（可多选）？ 　1 担保信息难以寻找 □　　2 物流时间过长 □　　3 成本花费高 □　　4 物流使产品损坏 □ 　5 缺少支付安全保障 □　　6 售后服务质量差 □

续表

	E、电子商务详情：活动和障碍
E6	您不在网上购物的原因是（可多选）？ 1 没有需要 □　　2 更喜欢实体店购物 □　　3 缺少上网技巧 □　　4 网上购物物流太慢 □ 5 安全和隐私考虑 □　　6 货物质量考虑 □　　7 没有可以进行网上支付的银行卡 □ 8 网速太慢 □　　9 其他 □

	F、电子技巧
F1	您过去最近一次接受计算机相关培训是什么时候？ 1 3 个月内 □　　2 3 个月至 1 年 □　　3 1 年到 3 年之间 □　　4 3 年甚至更久 □
F2	您掌握下列哪些计算机操作技能（可多选）？ 1 复制或移动文件 □　　2 在表格中使用基本的算术公式 □　　3 压缩文件 □ 4 安装工具 □　　5 用一种编程语言写计算机程序 □　　6 上述均没有 □
F3	您掌握下列哪些互联网相关技能（可多选）？ 1 用搜索引擎搜索信息 □　　2 发送有附件的电子邮件 □　　3 在聊天工具中发送讯息 □ 4 利用互联网进行语音通话 □　　5 用 P2P 共享进行电影音乐等分享 □　　6 创建网页 □ 7 上述均没有 □
F4	您在什么时候掌握了计算机或互联网操作技能？ 1 校园阶段 □　　2 成人教育中心的培训课程 □　　3 假期培训课程 □　　4 自学 □ 5 朋友或同事的帮忙 □　　6 其他 □

	家庭人员背景特征
G1	年龄
G2	性别
G3	教育程度 1 初级或中级教育 □　　2 后期中期教育 □　　3 高等教育 □
G4	就业情况 1 受雇 □　　2 创业 □　　3 待业 □　　4 学生 □　　5 其他 □
G5	职业
G6	地理位置
G7	住址情况 1 人口密集地区 □　　2 人口中等密集地区 □　　3 人口稀少地区 □
G8	家庭成员数量
G9	家庭中低于 16 周岁成员数量
G10	家庭月收入

资料来源：Methodological manual for statistics on the Information Society. Eurostat. 2006